ブレグジット・パラドクス

欧州統合のゆくえ

ブレグジット・パラドクス

欧州統合のゆくえ

庄司克宏
KATSUHIRO SHOJI

BREXIT
PARADOX

岩波書店

目次

序章　主権共有v. 主権回復　1
——ＥＵ残留と離脱
第１章　ブレグジット・オプションとレッドライン　29
第２章　「離脱」をめぐるルールとポリティクス　55
——何をどのように決めるのか?
第３章　金融サービスをめぐるルールと対立　83
——相互承認と同等性

第4章　北アイルランド国境問題をめぐるルールと対立
――ハードな国境の回避とトリレンマ …… 115
第5章　ブレグジット・パラドクス
――英EU交渉の結末 …… 151
終　章　国家主権と欧州統合のゆくえ
――主権共有の変容? …… 171
あとがき …… 185

序章

主権共有 v. 主権回復

——EU残留と離脱

第二次世界大戦の後、欧州が選択した平和の方法は、超国家的機関の下に各国が主権を「共有」する努力を蓄積し、物・人・サービス・資本の自由移動を意味する「域内市場」(単一市場)を基盤として「主権共有」システムを構築することであった。当初はためらったイギリスも一九七三年、当時の欧州経済共同体(EEC)に加盟して「主権共有」システムに加わった。しかしながら、欧州連合(EU)加盟の是非を問う二〇一六年国民投票で「ブレグジット Brexit」(イギリス Britain と離脱 exit をつなぎ合わせて、イギリスのEU離脱を意味する言葉)を選択した。それは、「主権共有」を捨て、「主権回復」することを意味した。なぜイギリス国民はブレグジットを支持したのだろうか。

1 「主権共有」という選択

欧州統合は、「主権共有」というコンセプトに基づいている。たとえば、EUコミッション(欧州委員会)のジャン゠クロード・ユンカー(Jean-Claude Juncker)委員長は二〇一八年九月一二日、欧州議会で演説した際、「必要とされる時と場合において主権を共有することが、われわれ諸国家および国民の各々を強化する」と語っている。[1]

ジャン・モネ(Jean Monnet)が発案し、ロベール・シューマン(Robert Schuman)フランス外務大臣が一九五〇年五月九日提唱した「シューマン・プラン」は、「平和の維持に不可欠な欧州連邦の最初の具体的な基礎を実現する」ことをめざして超国家的な「最高機関」を設置し、フランス、ドイツなどの参加国を拘束する決定の下で、石炭鉄鋼の生産を「共有」(pooling)する欧州石炭鉄鋼共同体(ECSC)を創設することにより、現在のEUの土台を築いた。[2]

写真序-1 ジャン・モネ(左)とロベール・シューマン(右) 出典:Jean Monnet and Robert Schuman © European Union

主権共有というモネの発想は、狂暴で歯止めのきかないナショナリズムが二つの世界大戦の最大の要因の一つであったとの反省から生まれたものである。国際連盟事務次長を務めたこともあったモネは、国際連盟が第二次大戦の勃発を防ぐことができなかったことを目の当たりにし、永続的な平和を確立するためには中核となる連合体を創設して、主権を譲渡することが不可欠であると確信した。また、ナショナリズムを防止するために、関税障壁のない広大な欧州市場を創設することも必要であると考えた。しかし、単なる平和の意思や国際条約だけでは不十分であり、欧州諸国の各々の代表が構成員となる共通機関を設立して、参加国がもはや個別に行使できない権限を委譲するように求めることが必須であるとみなしたのである。(3)

イギリスの政治学者ウィリアム・ウォラス(William Wallace)教授によれば、EUは加盟国が国家主権を委譲した「連邦国家」を作り上げているわけではないが、加盟国政府の間で主権がますます共有されるようになっている。それは、各国の政治家と官僚が交渉して策定する規制や裁判所の判決を通じて、お互いの国内問題に相互干渉し、妥協を積み重ね、共通行動を行うことを意味する。(4)

主権が共有されるためには、EUで決定された共通ルールが各国ルールよりも優先することが必然的に求められる。とくにEUの経済的繁栄の基盤となっている単一市場(正式名称は域内市場という)は、国境を越えた経済活動のために単一のルールが各国ルールよりも優先的に適用される必要がある。EUでは、これを「EU法の優越性」という。ルクセンブルクにあるEU司法裁判所は、それを「主権的権利の終局的な制限」(5)と表現している。EUルールに由来する国内法の割合は、ジャック・ドロール研究所の調査によれば、平均して約二〇%(加盟国により一〇%から三二%)である。(6)

国民投票が行われる一〇日前の二〇一六年六月一三日、『フィナンシャルタイムズ』(*The Financial Times*)紙は、「主権共有は国家目標を前進させてきた——[EU]はイギリスが国益を促進することのできるプラットフォームである」と題する社説の中で、次のように述べて、主権共有システムにとどまるよう勧めている。

「ブリュッセルが時折、国民生活の隅々まで奥深く入り込もうとするとしても、この主権共有がウェストミンスター〔イギリス議会〕から政策決定を取り去ったと言われることはほとんどあり得ない。国家安全保障、経済運営、税金と歳出、社会政策、健康と教育、都市計画その他多くのことについて、すべての選択はイギリスの政治家によってなされているからである。……

主権の共有から得られる利点は自明である。イギリスは「欧州の病人」だったときにEUに加盟した。しかし今や、イギリスの経済業績はEUのトップクラスにある。(7)」

2　キャメロン首相の挫折

(1)　ブルームバーグ演説

デイヴィッド・キャメロン(David Cameron)首相(当時)は、二〇一三年一月二三日にロンドンのブルームバーグ欧州本社で、対EU関係に関する有名な演説を行った。それは、EUが単一市場を基礎とする「自由な加盟国の柔軟な連合」となるよう、EUの憲法に当たるEU基本条約(EU条約およびEU機能条約)の改正を要求するものであった。そこで示されたキーワードは、多様性、競争力、民主的説明責任であった。キャメロン首相はそれらをイギリスが望む形で実現し、EUを改革し、EUから権限を取り戻すことを念頭に、EUに対して条約改正を持ちかけた。さらに、キャメロン首相は、二〇一五年総選挙に保守党が勝利するならば、二〇一七年末までにイギリスのEU離脱の可否を問う国民投票を行うことを約束した。しかしキャメロン首相は心の中で、保守党が単独過半数に達することはなく、自由民主党との連立政権が継続されると予想し、同党の反対で国民投票が実施されることはないと見ていた[8]。ところが実際には、保守党が二〇一五年総選挙で下院の単独過半数を占めた結果、国民投票が実施されることとなった。

キャメロン首相の本意は、他のEU加盟国に対し、イギリスが望むEUの改革を要求し、それが達成されるならば、その成果をイギリス国民に示すことにより国民投票でイギリスのEU残留を確保することにあったと言われている。それにより国内や保守党内に根強いEU懐疑派を抑え込む一方、EUではイギリスが主導権を握るというしたたかな計算が透けて見えた。

(2) あてが外れた「権限バランス調査」

イギリス政府は、二〇一〇～一五年の保守党と自由民主党の連立政権の下で、EUに主権または権限をこれ以上委譲しないようにするため、EUの既存権限のバランスがどうなっているかについて調査することを決定した。単一市場、農業、EU拡大、補完性・比例性原則など三二項目について「英EU間権限バランス調査」が二〇一二年七月から開始され、二〇一四年一二月に終了した。それは公平かつ中立的な評価を確保するため、関連省庁により議会、地方政府、経済界および市民社会一般に意見公募する形で行われた[9]。

権限バランス調査の結論は、EU権限の多くが実際には加盟国との間で「共有」されているため、EUから加盟国に戻すことが正当化されるようなEU権限は存在しないということ、そのため権限配分のバランスはおおむね適切であるということであった。キャメロン首相はこの結果に当惑し、それを無視することにした。政府発表では一七八万ポンド(約二億五〇〇〇万円)、議会の推計では四五〇万〜五〇〇万ポンド(約六億三〇〇〇万〜七億円)に上る膨大な費用を支出したにもかかわらず、権限バランス調査の結果に基づく包括的分析が行われなかった結果、議会、とくに貴族院からは厳しく批判された[10]。他方、キャメロン首相は権限バランス調査から判断して、EUから主権や権限を取り戻すことよりむしろ、EUを「改革」することを強調するようになった[11]。

(3)　対EU改革要求と改革合意

キャメロン首相は二〇一五年五月の総選挙に勝利した後、六月二五、二六日の欧州理事会(EU首脳会議)で初めてEU改革要求を行い、次いで一一月一〇日に「改革された欧州連合におけるイギリスのための新たな解決」と題する書簡をドナルド・トゥスク(Donald Tusk)欧州理事会常任議長に送付し、具体的な改革要求項目を公式に提示した。このキャメロン書簡の中で、四項目の対EU改革要求が示されていた。それは、第一にイギリスを含む非ユーロ圏諸国の利益を守ること、第二にEUにおける規制撤廃、第三に国内議会のEU法案に対する拒否権、第四に域内労働者の自由移動の制限、などであった。

英EU間で厳しい交渉がなされた後、二〇一六年二月一八、一九日欧州理事会で英EU改革合意が国際条約として達成された。その改革合意では、イギリスの要求がかなりの程度受け容れられた。しかし、域内労働者の自由移動については、域内移民の送り出し国であるポーランドなどの中東欧諸国が強硬に反対し、最大の懸案となった。結局、長期にわたり例外的な規模で他の加盟国から労働者が流入する場合に制限を可能にするセーフガード・メカニズムを導入することで折り合った。

キャメロン首相は、この英EU改革合意の成果をイギリス国民に示して、国民投票でEU残留を勝ち取り、議会内外のEU懐疑派を封じ込めようとしたのである。ただし、国民投票の結果がEU離脱となった場合、英EU改革合意は存在しないものとされていた。イギリスがEU加盟の可否について国民投票に諮るのは、これが二回目であった。ハロルド・ウィルソン(Harold Wilson)首相が率いる労働党政権の下で欧州経済共同体(EEC)加盟条件の再交渉を行った後、一九七五年六月六日国民投票が実施され、イギリスのEEC残留が賛成多数により決まったという経緯がある。(12)

3 「主権回復」の決定——二〇一六年六月二三日国民投票

二〇一六年六月二三日、イギリスのEU離脱(ブレグジット)の是非を問う国民投票(投票率七二・二%)が行われ、EU離脱が五一・八九%対四八・一一%で決まった(図表序-1)。キャメロン首相は、EU離脱の場合にどのような選択肢があるかを示さないまま国民投票を決行し、敗北した[13]。

国民投票キャンペーンにおいて、EU離脱派の中心人物の一人であったボリス・ジョンソン(Boris Johnson)前ロンドン市長は、「コントロールを取り戻せ!」と声高に連呼しながら、EU残留に投票することが「この国の議会制民主主義の絶え間ない悲惨な浸食を招く」と警告し[14]、イギリスの「主権回復」を主張した。

写真序-2　キャメロン首相(当時)　提供＝123RF

また、EU離脱派のジャーナリストであるアンブローズ・エヴァンス＝プリチャード(Ambrose Evans-Pritchard)氏も、次のように語っていた。

「瑣末なことを捨象すると、結局は基本的な選択に行き着く。すなわち、この国の完全な自己統治を取り戻すべきか、あるいは、わたしたちが決

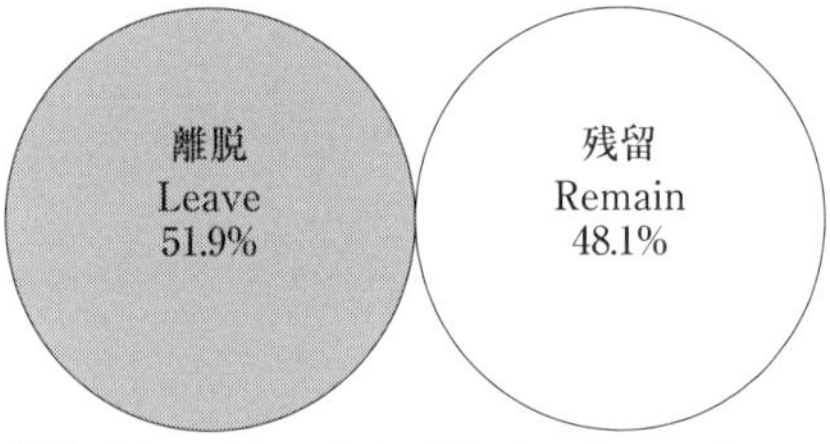

（出典：Electoral Commission, EU referendum results）

図表序-1　ブレグジット国民投票の結果（投票率 72.2％）

して選出することがなく、誤りを続けてもイギリス国民が絶対に排除できない欧州理事会「EU首脳会議」が支配する、高位の超国家的体制の下で生き続けるべきか、ということになる。[15]」

　このようにEU離脱派にとって、主権とは国家がすべて持つか、すべて失うか、オール・オア・ナッシングを意味するものであり、共有や分割があり得ない絶対的なものである。[16] 主権を絶対視する立場は、「議会主権」というイギリス憲法（不文憲法）上の原則にも反映されている。議会はイギリスで最高の法的機関とされ、いかなる法を創設し、または終了させることもできる。一般に、裁判所は議会の法を覆すことができない。また、現在の議会は将来の議会が変更不可能な法を制定することができない。他方、これまでに議会は、一九七三年EC加盟などについて、議会主権の適用を制限する法を制定したことがある。しかし、議会主権の原則が根本的に損なわれたわけではなく、少なくとも理論上は議会がそれらの法を廃止することが可能である。[17] イギリスにとってEU離脱は、主権回復のために不可欠であったということになる。

　国民投票の翌日（二〇一六年六月二四日）に実施された世論調査（Lord Ashcroft Polls）において、離脱に投票した有権者（回答者六四二〇人）はなぜそうしたのか、その理由を問われた際、①四九％

が「イギリスに関わる決定はイギリスで行われることが原則だから」と回答した。次いで、②三三%が「イギリスが移民と自国国境に対するコントロールを回復する最良の機会がEU離脱により与えられると感じたから」、また、③一三%が「EU残留は、EUが今後どのように加盟国や権限を拡大するかについて選択権がないことを意味するから」と回答した。最後に、④六%が「貿易と経済の面でEUの一部であるより外にいる方が有利だと考えたから」と回答した。[18] この点について図表序-2を参照されたい。これらの人々はすべて、主権回復派に属する。

写真序-3　ボリス・ジョンソン氏　提供＝123RF

欧州の地図を見ると、イギリスのグレートブリテン島(イギリス本土)がドーヴァー海峡を挟んで三四キロ離れた欧州大陸にまるで寄り添っているかのように浮かんでいる。かつてウィンストン・チャーチル(Winston Churchill)首相はイギリス下院において、次のように語ったことがある。

「わたしたちの立ち位置はどこにあるのでしょうか。わたしたちは[西欧諸国が超国家的な軍事統合をするために計画された]欧州防衛共同体のメンバーではないし、欧州連邦システム(a Federal European system)に合流するつもりもありません。わたしたちはその両方に対し、ある特別な関係を持っているとは感じております。これはつまり、「of」ではなく、「with」という前

図表序-2　2016年6月23日のイギリス国民投票に関する世論調査――「以下に掲げる，EU離脱に投票した理由を(他の理由があったとしても)，あなたの投票を決めるうえで重要であった順に示して下さい.」

EU離脱に投票した理由	回答者6420人
イギリスに関わる決定はイギリスで行われることが原則だから	49%
イギリスが移民と自国国境に対するコントロールを回復する最良の機会がEU離脱により与えられると感じたから	33%
EU残留は，EUが今後どのように加盟国や権限を拡大するかについて選択権がないことを意味するから	13%
貿易と経済の面でEUの一部であるより外にいる方が有利だと考えたから	6%

(出典：Lord Ashcroft Polls, “How the United Kingdom voted on Thursday… and why”, Friday, 24 June, 2016)

置詞によって表現することができます。わたしたちは、それらと共にありますが、それらの一部ではないのです。[19]」(一九五三年五月一一日)

この発言を裏打ちするかのように、イギリスは一九五二年に設立された欧州石炭鉄鋼共同体(ECSC)に参加しなかった。イギリスは、欧州大陸諸国との「主権の共有」を嫌ったのである。しかし、一九五四年一二月二一日にECSCとの間に「イギリスと欧州石炭鉄鋼共同体の関係に関する協定」(以下、英ECSC連合協定)を締結した。[20]それはイギリスがECSCの一部になることではなく、それと共にあることを念頭に置いて、両者の間に「緊密かつ永続的な連合(an intimate and enduring association)を創設する」ことを目的とした(英ECSC連合協定前文)。ECSC最高機関(現在のコミッションに当たる)の代表四人、および、イギリス政府の代表四人で構成される連合理事会が設置され、関連分野での相互間の情報・協議の促進、行動の調整が行われることとされた。これは、イギリスが一九七三年に欧州経済共同体（ＥＥＣ）に加盟するまで存続した[21]。

また、イギリスは「共同市場」（現在の域内市場）の創設を目的とするＥＥＣにも当初参加しなかったが、今回は欧州六カ国側により、イギリスとの将来の関係を念頭に置いてＥＥＣ条約に第二三八条が書き込まれた[22]。それによれば、次のように定められていた。

「共同体［ＥＥＣ］は、第三国、諸国家の連合体または国際機構との間に、相互的権利義務、共通行動及び特別の手続を具体化する連合を創設する協定を締結することができる。

［連合］協定は、［閣僚］理事会の全会一致による議決及び総会［現在の欧州議会］への諮問の後に締結される。

［連合］協定が本条約の改正を伴う場合、条約改正は第二三六条に定める［条約改正］手続に従い、事前の採択に服する。」[23]

この規定は、イギリスが結局ＥＥＣ加盟を選択したため、使用されることはなかった。むしろ、ノルウェー、アイスランドおよびリヒテンシュタインという欧州自由貿易連合（ＥＦＴＡ）三カ国がＥＵの単一市場に参加するための欧州経済領域（ＥＥＡ）協定[24]や、ＥＵ加盟を希望する国を含む他の諸国との間の協定で使用された。それが、後述するとおり、皮肉なことにイギリスのＥＵ離脱後に英ＥＵ関係を構築する枠組みの候補の一つとして想定されるようになった[25]。

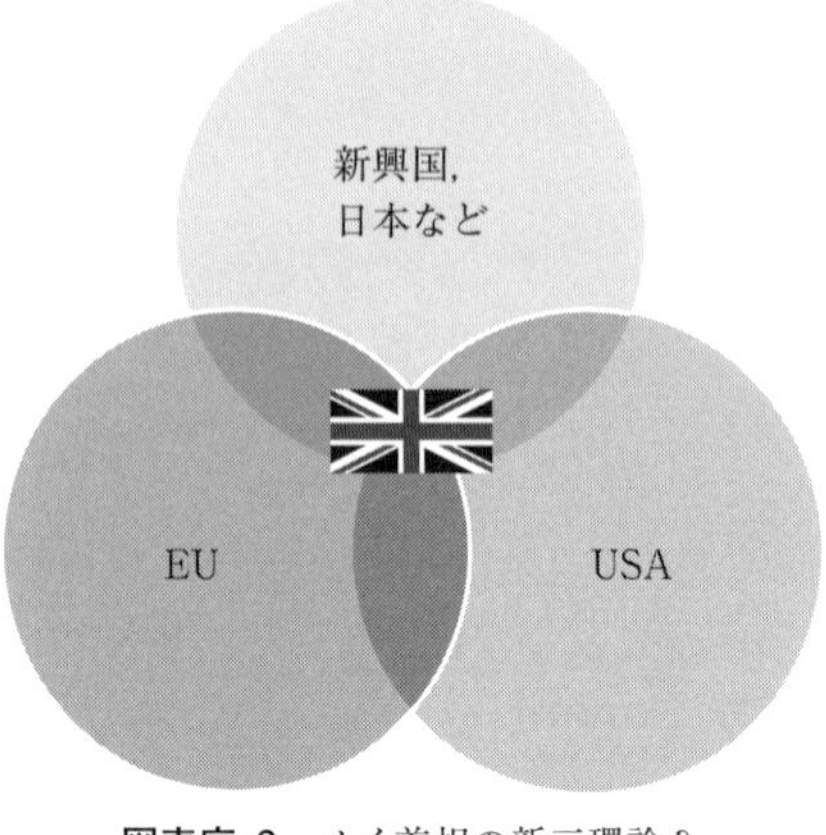

図表序-3　メイ首相の新三環論？

4　メイ首相の新三環論？

一九四八年一〇月、当時野党であったイギリス保守党のチャーチル党首は、党大会での演説において、イギリス外交をめぐる「三環論」に言及した。第一の環はコモンウェルス（英連邦）、第二の環はアメリカをはじめとする英語圏諸国、また、第三の環は統一欧州（a United Europe）であるとしたうえで、イギリスがそれぞれの環すべてにおいて偉大な役割を担う唯一の国であると述べた[26]。しかし、コモンウェルスとの関係はその後、植民地が独立していく中でますます薄弱化し、アメリカとの「特別な関係」もイギリス側の「片想い」ではないかと揶揄された。一方、イギリスはＥＥＣ加盟に舵を切り、シャルル・ドゴール（Charles de Gaulle）フランス大統領に二度にわたって加盟申請を拒否されながら、一九七三年にようやく加盟を果たした。しかし、イギリスは大国ながら仏独枢軸が主導する欧州において中核を占めることがないまま、二〇一六年六月二三日の国民投票でＥＵ離脱を選択したのである[27]。

キャメロン首相が国民投票での敗北の責任を取って辞職した後、後任としてテリーザ・メイ

(Theresa May)女史が新首相に就任した。メイ首相は、「グローバルなイギリス」(a Global Britain)を掲げ、第一にEUとの包括的自由貿易協定を含む新たな戦略的パートナーシップ、および、第二に中国、インド、ブラジル、湾岸諸国、オーストラリア、ニュージーランドなどの諸国との自由貿易協定を推進することに加え、[28]第三にアメリカとの「特別な関係」を更新することを明らかにした。[29]これは、いわばメイ首相の「新三環論」の表明であった(図表序-3)。なお、二〇一七年八月三一日日英首脳会談における共同声明で、日英自由貿易協定を締結する準備を進めることが合意された。

5　なぜ「主権回復」を選んだのか?

それにしても、なぜイギリスでは主権回復を叫ぶEU離脱派が国民投票で過半数を占めたのであろうか。二〇一六年一月二六日、貴族院の「欧州連合特別委員会」が行った「EU改革ヴィジョン」に関する調査における公開証言で、当時キャメロン政権下で外務大臣を務めていたフィリップ・ハモンド(Philip Hammond)氏は、欧州統合に対するイギリス人の見方を次のように説明している。

「わたしたちは、欧州連合を欧州において絶えず繰り返されてきた戦争に対する防波堤と見なす創設加盟国の一つではありませんでした。わたしたちは、軍事独裁政権の時代を経た新たな民主国家を強固にする手段として欧州連合に参加した南欧諸国の一つでもありませんでした。わたしたちは、欧州連合加盟をソヴィエト共産主義の軛《くびき》から解放されることの一部と見なした東欧諸国の一つでもありませんでした。わたしたちは常に、しっかりと実利的な理由で欧州連合に加わってきました。わたしたちは常に、ＥＵがイギリス経済の刺激装置として働き、また、イギリス国民の生活水準を改善し、保護することを主として考慮してきました。[30]」

また、フランス上院の欧州問題委員会のジャン・ビゼ(Jean Bizet)委員長からの書面による証言では、次の点が指摘されている。

「イギリス人にとってＥＵとは何だったのでしょうか。あまりにも欧州大陸的なものだったのかもしれません。イギリスは長い間民主主義を享受し、また、独裁と占領のトラウマから常に免れてきました。そのため、ＥＵがいわば「歴史」から欧州を保護するために平和を促進し、政治的危険を回避する手段となるべき理由も、また、超国家的権力により保護されるために国家主権の大部分を手放す理由も、あなたがたイギリス人にはわからないのです。欧州合衆国を建設するということは、イギリス人にとって好ましいプロジェクトではないのです。イギリス人にとって欧州は、わたしたちフランス人が感じるような、壮大で情熱を感じるようなものではないのでしょう。イギリス人にとって欧州は単一市場にとどまるべきであり、欧州をすべての経済主体のための公平な競争の場とするためならば、何でもするべきだ、と考えているのです。[31]」

これらの証言は、イギリス人自身から見ても、また、欧州大陸に住むフランス人から見ても、イギリス人にとってEUとは、歴史的および地政学的に、諸国家が主権を委譲して平和を構築する存在ではないので、主権共有には消極的であることを示している。また、EUが単一市場として自国経済のために役に立つ実利的な道具であるならばEUにとどまるが、経済的実利の点でEUの外にいる方が有利であると判断すればEUを離脱してもよい、ということになる。

先述した世論調査において、EU残留に投票した有権者（回答者五九四九人）はなぜそうしたのか、その理由を問われた際、①四三％が「経済、雇用および物価などを考えると、EU離脱に投票するリスクが大きすぎるように思われたから」と回答した。次いで、②三一％が「EU残留に投票することは、ユーロと欧州国境管理廃止地域［シェンゲン協定に基づきEU内で国境管理を撤廃する制度］に参加しないままEU単一市場にアクセスを有することがイギリスにとっていいとこ取りとなることを依然として意味するから」、また、③一七％が「EUから離脱すると、イギリスが友好国および近隣国から一層孤立することになると感じたから」と回答した。最後に、④九％が「EUおよびそれと共有する歴史、文化、伝統に強い愛着があるから」と回答した。[32] 残留派の人々は欧州大陸諸国との関係や平和ではなく、経済、雇用、物価という実利を動機として、主権の共有を支持していることがわかる。この点について、図表序‐4を参照されたい。

イギリス国民のこうしたEU観をEU諸国全体と比較すると興味深いことがわかる。二〇一八年五月に公表されたEU世論調査（ユーロバロメーター）によれば、「一般的に言って、あなたは自

図表序-4　2016年6月23日のイギリス国民投票に関する世論調査――「以下に掲げる，EU残留に投票した理由を（他の理由があったとしても），あなたの投票を決めるうえで重要であった順に示して下さい.」

EU残留に投票した理由	回答者 5949人
経済，雇用および物価などを考えると，EU離脱に投票するリスクが大きすぎるように思われたから	43%
EU残留に投票することは，ユーロと欧州国境管理廃止地域に参加しないままEU単一市場にアクセスを有することがイギリスにとっていいとこ取りとなることを依然として意味するから	31%
EUから離脱すると，イギリスが友好国および近隣国から一層孤立することになると感じたから	17%
EUおよびそれと共有する歴史，文化，伝統に強い愛着があるから	9%

（出典：Lord Ashcroft Polls, "How the United Kingdom voted on Thursday… and why", Friday, 24 June, 2016）

分の国がＥＵに加盟していることは良いことだと思いますか」という質問に対して「はい」と回答した人の割合が過半数を占めた加盟国は二八カ国中二一カ国あるが、イギリスでは四七％にとどまる。これに対し、ＥＵ二八カ国全体では六〇％に上っている(33)。図表序－5を参照されたい。

また、主権共有によりＥＵに現在よりも多く成果を期待する政策分野は、割合が大きい順に、テロ撲滅（七七％）、失業対策（七六％）、環境保護（七五％）、脱税対策（七四％）、世界の民主主義と平和の促進（七三％）、移民問題（七二％）、域外国境の保全（六九％）、健康・社会保障（六九％）、安全保障・防衛政策（六八％）、男女平等待遇（六五％）、エネルギー供給・安全保障（六五％）、経済政策（五八％）、外交政策（五七％）、農業（五五％）、産業政策（五四％）である(34)（図表序－6）。経済や雇用にとどまらず、国境を越える問題や一国では対処できない問題について、ＥＵへの期待が全

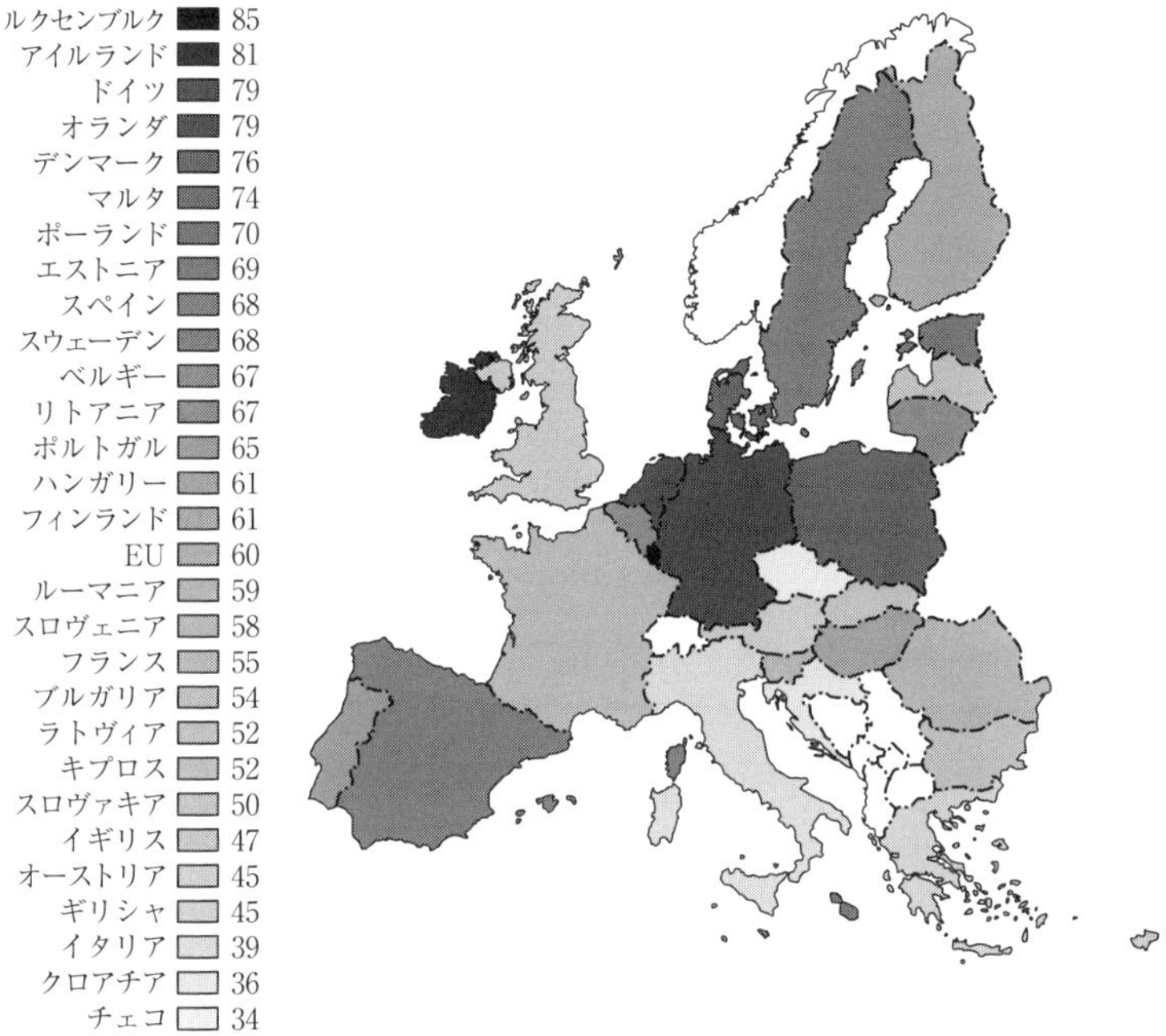

（出典："Democracy on the Move: European Elections-One Year to Go", Eurobarometer Survey 89.2 of the European Parliament, May 2018, p. 23）

図表序-5 「一般的に言って，あなたは自分の国がEUに加盟していることは良いことだと思いますか」という質問に対して「はい」と回答した人の割合(%)

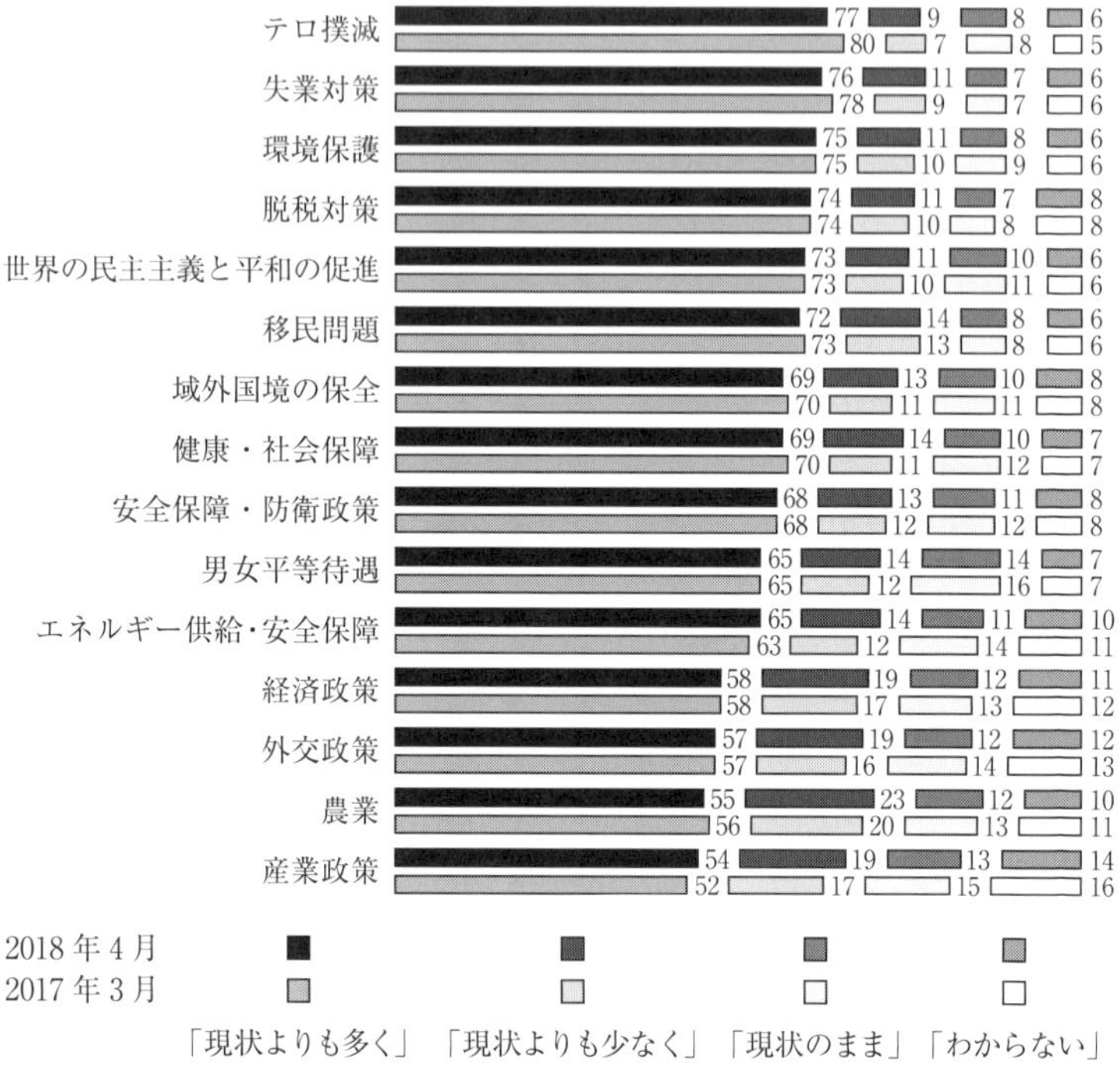

（出典：“Democracy on the Move: European Elections-One Year to Go”, Eurobarometer Survey 89.2 of the European Parliament, May 2018, p. 39）

図表序-6 「上記の各分野で，EU に対して現状よりも少なく，または，現状よりも多く対応してもらいたいと思いますか？」という質問に対する回答（%）

般的に大きいことがわかる。

6　本書で述べること

イギリスのＥＵ離脱（ブレグジット）交渉において、イギリスに暮らすＥＵ市民（ＥＵ二七カ国の国民）約三〇〇万人と、欧州大陸にＥＵ市民として移住したイギリス国民約一二〇万人のそれぞれの権利がどのような影響を受けるのか、ＥＵ予算上のイギリスの財政的義務はいつ終了するのかなどの問題は、イギリスがＥＵを離脱するに当たって事前に解決すべき重要な問題であり、交渉過程で紛糾することもあった。しかし、それらはある意味テクニカルであり、落としどころが見つけやすい問題であった。イギリスという欧州の大国にとって一層重大だったのはＥＵとの通商関係であり、物品貿易に加え、ロンドンのシティに代表される金融サービス部門がＥＵ離脱後においてもいかに有利な条件を維持できるのかということであった。イギリスにとって北アイルランド国境問題は、英ＥＵ貿易協定の中で解決すべき事案であった。そのため、ブレグジット交渉をどのような優先順位で処理するのかという争点が生じた。

そこで本書では、離脱交渉の優先順位、金融サービス貿易および北アイルランド国境問題という、ブレグジット交渉の帰趨を実質的に決めることとなった三つの重要問題に焦点を当て、主としてイギリスの交渉目標とレッドライン（譲れない一線）がどのように修正されていったのか、その軌跡を追う。次いで、それらがどの程度達成されたのかという観点から、ブレグジット交渉とは何であったのかについて論じることとする。そのうえで、ブレグジットが欧州統合のゆくえに、また、世界と日本にとってどのようなインプリケーションを持つのかに関して展望を行いたい[35]。

（1） State of the Union 2018, Annual State of the EU address by President Juncker at the European Parliament, European Commission, Strasbourg, 12 September 2018, p. 5, available at 〈https://ec.europa.eu/commission/sites/beta-political/files/soteu2018-speech_en_0.pdf〉, accessed 24/12/2018.

（2） "The Schuman Declaration – 9 May 1950", available at 〈https://europa.eu/european-union/about-eu/symbols/europe-day/schuman-declaration_en〉, accessed 24/12/2018. ＥＵ入門書として、庄司克宏著『欧州連合　統治の論理とゆくえ』岩波新書、二〇〇七年（二〇一六年第10刷）を参照されたい。

（3） Sherrill Brown Wells and Samuel F. Jr. Wells, "Shared Sovereignty in the European Union: Germany's Economic Governance", 3 *Yale J. Int'l Aff.* 30 (2008), pp. 30–43 at 31, 32.

（4） William Wallace, "The Sharing of Sovereignty: the European Paradox", *Political Studies* (1999), XLVII, pp. 503–521 at 506.

（5） Case 6/64 *Costa v E. N. E. L.*, Judgment of 15 July 1964, ECLI: EU: C: 1964: 66.

（6） Yves Bertoncini, "The EU and Its Legislation: Prison of Peoples or Chicken Coops?", Policy Paper 112, Jacques Delors Institute, 19 May 2014, p. 1, available at 〈http://www.institutdelors.eu/wp-content/

uploads/2018/01/euandlegislation-bertoncini-ne-jdi-may14.pdf?pdf=ok〉, accessed 24/12/2018.

（7） "Pooled sovereignty has advanced national goals: The union is a platform from which Britain can promote its interests", *The Financial Times*, June 13, 2016, available at 〈https://www.ft.com/content/169fa2a2-2eee-11e6-a18d-a96ab29e3c95〉, accessed 24/12/2018.

（8） "Brexit: David Cameron warned by Donald Tusk over 'stupid referendum'", *BBC News*, 21 January 2019, available at 〈https://www.bbc.com/news/uk-politics-46951942〉, accessed 29/01/2019. キャメロン首相が国民投票の実施を表明するよう追い込まれていく背景には、ポピュリスト政党であるイギリス独立党（ＵＫＩＰ）の台頭があった。この点については、庄司克宏著『欧州ポピュリズム――ＥＵ分断は避けられるか』ちくま新書、二〇一八年、一五六～一六一頁を参照されたい。

（9） UK Foreign & Commonwealth Office, Review of the balance of competences, 18 December 2014, available at 〈https://www.gov.uk/guidance/review-of-the-balance-of-competences〉, accessed 08/03/2016.

（10） The EU Select Committee of the House of Lords, Review of the Balance of Competences between the UK and EU, available at 〈http://www.parliament.uk/business/committees/committees-a-z/lords-select/eu-select-committee-/news/balance-of-compentences-report-published/〉, accessed 08/03/2016.

（11） Michael Emerson (ed.), *Britain's Future in Europe*, CEPS, Rowman and Littlefield International, 2015, p. 1.

（12） 庄司克宏「経済教室　英国のＥＵ改革要求　欧州統合の本質問われる」、『日本経済新聞』二〇一五年一二月一一日朝刊、庄司克宏「イギリスＥＵ改革合意と欧州統合のゆくえ」、国際貿易投資研究所・欧州経済研究会編『欧州の政治・経済リスクとその課題』、ＩＴＩ調査研究シリーズ（オンライン）第27号、二

〇一六年四月(九三〜一〇六頁)、庄司克宏「イギリス脱退問題とＥＵ改革要求」、『阪南論集社会科学編』(阪南大学)第51巻3号、二〇一六年三月(三一〜四三頁)。

(13) この前後の経緯については、庄司克宏著『欧州の危機　Brexitショック』東洋経済新報社、二〇一六年に詳述している。

(14) Macer Hall, Boris Johnson urges Brits to vote Brexit to “take back control”, 20 June 2016, *The Daily Express*, available at 〈http://express.co.uk/news/politics/681706/Boris-Johnson-vote-brexit-take-back-control〉, accessed 25/12/2018.

(15) Ambrose Evans-Pritchard, “Brexit vote is about the supremacy of Parliament and nothing else: Why I am voting to leave the EU”, *The Telegraph*, 13 June 2016, available at 〈http://www.telegraph.co.uk/business/2016/06/12/brexit-vote-is-about-the-supremacy-of-parliament-and-nothing-els/〉, accessed 24/12/2018.

(16) Juliette Ringeisen-Biardeaud, “‘Let’s take back control’: Brexit and the Debate on Sovereignty”, *Revue Française de Civilisation Britannique* [Online], XXII-2, 2017, p. 5, available at 〈https://journals.openedition.org/rfcb/1319〉, accessed 07/10/2018.

(17) “Parliament’s authority”, available at 〈https://www.parliament.uk/about/how/role/sovereignty/〉, accessed 24/12/2018.

(18) Lord Ashcroft Polls, “How the United Kingdom voted on Thursday. . . and why”, Friday, 24 June, 2016, available at 〈https://lordashcroftpolls.com/2016/06/how-the-united-kingdom-voted-and-why/〉, accessed 24/12/2018.

(19) Mr Winston Churchill Foreign Affairs (Hansard, 11 May 1953) - hansard 1803–2005, available at

〈https://api.parliament.uk/historic-hansard/commons/1953/may/11/foreign-affairs#S5CV0515P0_19530511_HOC_220〉, accessed 31/12/2018.

(20) Agreement concerning the relations between the United Kingdom and the ECSC (London, 21 December 1954), CVCE.EU by UNI.LU, 18 December 2013, available at 〈https://www.cvce.eu/content/publication/1999/1/1/de859fe5-dd07-4666-89b0-4f1ef2825b13/publishable_en.pdf〉, accessed 20/05/2018.

(21) ＥＥＣに加えて、ＥＣＳＣおよび欧州原子力共同体(Euratom)にも同時に加盟した。

(22) Andrew Duff, "'Intimate and Enduring': Britain's first association agreement with Europe", *EurActiv.com*, September 1, 2016, available at 〈https://andrewduff.blogactiv.eu/2016/09/01/intimate-and-enduring-britains-first-association-agreement-with-europe/〉, accessed 20/05/2018.

(23) David Phinnemore, "A UK-EU association agreement: making use of treaty provisions from 1957 originally drafted for the UK", The UK in a Changing Europe, 26 April 2018, available at 〈http://ukandeu.ac.uk/wp-content/uploads/2018/04/A-UK-EU-association-agreement-making-use-of-treaty-provisions-from-1957.pdf〉, accessed 20/05/2018; Étienne Deschamps, "The British plan for a large free trade area", CVCE.EU by UNI.LU, 8 July 2016, available at 〈https://www.cvce.eu/content/publication/2007/3/9/45d67f5a-9285-48f3-a2e2-6d81236ef8b9/publishable_en.pdf〉, accessed 20/05/2018.

(24) Address by Mr. De Clercq at the EEC/EFTA Ministerial Meeting, Interlaken, May 20, 1987, available at 〈http://europa.eu/rapid/press-release_SPEECH-87-32_en.pdf〉, accessed 20/05/1987.

(25) Andrew Duff, "After Brexit: A New Association Agreement Between Britain and Europe", European Policy Centre, 2 October 2016, available at 〈www.policy-network.net/publications_download.aspx?ID=9435〉, accessed 20/05/2018; Sieglinde Gstöhl and Christian Frommelt, "Although Britain won't re-

join EFTA, it can learn a great deal from its experience", LSE Brexit, November 6, 2017, available at 〈http://blogs.lse.ac.uk/brexit/2017/11/06/although-britain-wont-rejoin-efta-it-can-learn-a-great-deal-from-how-it-works/〉, accessed 27/07/2018.

(26) Churchill's Three Circles（Winston S. Churchill, 'Conservative Mass Meeting: a speech at Llandudno, 9 October 1948', Europe Unite: speeches 1947 & 1948, London : Cassell, 1950, p. 416–418）, available at 〈https://web-archives.univ-pau.fr/english/special/SRdoc1.pdf〉, accessed 8/10/2017.

(27) これらの経緯については、橋口豊著『戦後イギリス外交と英米間の「特別な関係」』ミネルヴァ書房、二〇一六年、細谷雄一著『迷走するイギリス』慶應義塾大学出版会、二〇一六年参照。

(28) The government's negotiating objectives for exiting the EU: PM speech, 17 January 2017, available at 〈https://www.gov.uk/government/speeches/the-governments-negotiating-objectives-for-exiting-the-eu-pm-speech〉, accessed 8/10/2017.

(29) Prime Minister's speech to the Republican Party conference 2017, 26 January 2017, available at 〈https://www.gov.uk/government/speeches/prime-ministers-speech-to-the-republican-party-conference-2017〉, accessed 8/10/2017.

(30) Revised transcript of evidence taken before the Select Committee on the European Union, Inquiry on Vision of EU Reform, Evidence Session No. 16, heard in Public Questions 162 – 180, Witnesses: Rt Hon Philip Hammond MP and Vijay Rangarajan, 26 January 2016（published 26 February 2016）, p. 3, available at 〈http://data.parliament.uk/writtenevidence/committeeevidence.svc/evidencedocument/european-union-committee/visions-of-eu-reform/oral/27839.pdf〉, accessed 24/12/2018.

(31) Jean Bizet, Chairman of the French Sénat European Affairs Committee, Written evidence

(VEU0017), The EU referendum and EU reform, Evidence Volume, European Union Committee, the House of Lords, p. 177, available at 〈https://www.parliament.uk/documents/lords-committees/eu-select/visions-of-eu-reform/eu-referendum-and-eu-reform-evidence-volume.pdf〉, accessed 24/12/2018.

（32） Lord Ashcroft Polls, "How the United Kingdom voted on Thursday. . . and why", Friday, 24 June, 2016, available at 〈https://lordashcroftpolls.com/2016/06/how-the-united-kingdom-voted-and-why/〉, accessed 24/12/2018.

（33） Democracy on the Move: European Elections-One Year to Go, Eurobarometer Survey 89.2 of the European Parliament, May 2018, p. 23, available at 〈http://www.europarl.europa.eu/at-your-service/files/be-heard/eurobarometer/2018/eurobarometer-2018-democracy-on-the-move/graphics/graphics-one-year-before-european-elections-2019.zip〉, accessed 25/12/2018.

（34） *Ibid.*, p. 39.

（35） 欧州統合に関する包括的な理論分析については、G・マヨーネ著、庄司克宏監訳『欧州統合は行きすぎたのか（上）（下）』岩波書店、二〇一七年を参照されたい。

第1章
ブレグジット・オプションとレッドライン

ブレグジットを選択したイギリスにとって最大の課題は、EU離脱後に、EUとどのような経済関係を構築するのかということであった。それをめぐる英EUの交渉について具体的に見る前に、本章ではまず第一に、ブレグジット交渉において英EUはそれぞれどのような交渉目標と「レッドライン」(譲れない一線)を持っていたのかを概観する。次いで第二に、英EUの交渉目標とレッドラインに照らして、どのような経済関係が想定されるかに関するさまざまな選択肢を「ブレグジット・オプション」としてあらかじめ提示する。問題の全体像を理解するため、これにはブレグジット交渉で直接に議論されなかったものも含まれる。

以下では、ロンドン・スクール・オブ・エコノミクス(LSE)のサイモン・ヒックス(Simon Hix)教授による「ブレグジット――EU・イギリス関係はどこへ向かっているのか」と題する論文[1]に依拠して、一部修正のうえ、検討を行う。

1　ブレグジット交渉とレッドライン――「主権回復」の基準?

国民投票の後、ブレグジット交渉における交渉目標とレッドラインが、まずイギリス側から首相演説、政府白書などにより、次いでEU側から欧州理事会の交渉指針などにより、それぞれ表明された(2)。イギリスにとってレッドラインは、主権回復の達成度を測る基準であった。他方、EUにとってレッドラインは、主権共有を守るための判断基準であった。

イギリスの交渉目標は、単一市場と関税同盟から離脱すること、しかしそれらの外で可能な限り最も摩擦のない(frictionless)方法により物品・サービス貿易を確保することであった。これに対して、EU側はイギリスとの間に緊密なパートナーシップを確立し、バランスが取れ、野心的で広範な自由貿易協定を締結することを交渉目標としていた。また、離脱協定にも関わる点として、両者ともに北アイルランドでの「ハード」な国境の回避を望んだ(3)。「ハード」な国境とは、税関職員、警官や兵士により厳格に管理されている国境(4)を意味し、物理的な関連施設を伴うことから「物理的」な国境とも呼ばれる。

このように、両者の交渉目標に相違はあまりないように思われる。しかし、各々のレッドラインを見るならば、大きな対立点があることがわかる。イギリス側のレッドラインは計四つあり、主権回復という目的を反映している。第一にEU司法裁判所の管轄権を排除すること、第二に人の自由移動を除外すること、および、第三にEU財政への義務的分担を廃止することである。また、第四に独自の通商政策を追求する自由を確保することである。これらは、とくに英EU将来関係協定に関わるものであった。また、後になって、第五に北アイルランド国境問題をめぐって

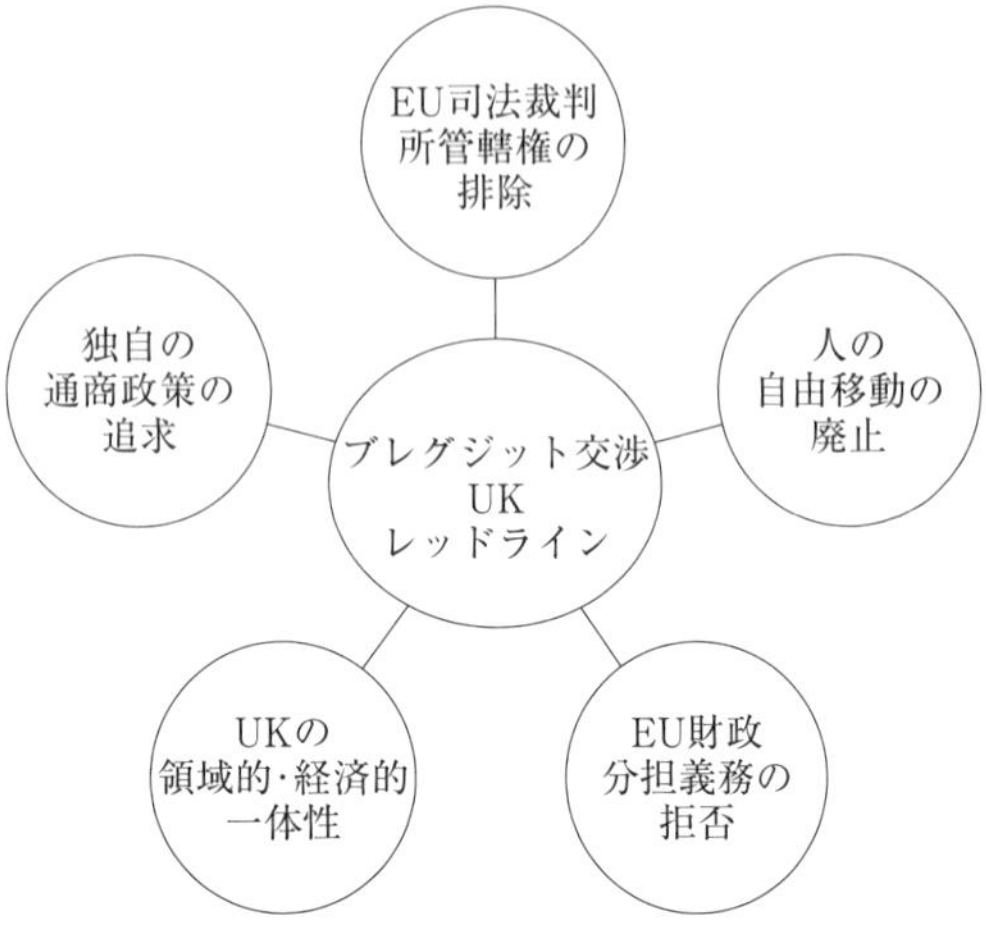

図表 1-1　イギリスのブレグジット交渉におけるレッドライン

イギリスの「領域的・経済的一体性」が追加された[5]（図表1－1）。しかし、ブレグジット交渉が進むにつれて、メイ首相は徐々に劣勢となり、事実上レッドラインの修正へと追い込まれていった。

これに対し、EU側のレッドラインは、主として次の四つである。第一に単一市場の一体性（とくに物・人・サービス・資本の自由移動の不可分性）を維持することである。これはイギリスの「いいとこ取り」を許さないことを意味する。第二に競争政策、国家援助（特定企業に対する政府補助金など）、税制、社会政策、環境基準などで公平な競争条件（a level playing field）を確保することである。第三にEU法秩序と政策決定の自律性を維持することである。第四に権利と義務のバランスを図り、イギリスに対して、EU離脱の結果としてEU加盟国より有利な条件を得ることがないようにすることである[6]。これらのレッドラインは、EUの主権共有システムを具体的に反映している。

しかし実際には、EU側は、イギリスがレッドラインを変更すれば、EU側もそれに応じて交

図表 1-2　ブレグジット交渉における英 EU の目標とレッドラインの比較

	イギリス	EU
交渉目標	• 単一市場および関税同盟から離脱して，物品およびサービス分野で可能な限り「摩擦のない」貿易を確保すること • 北アイルランド国境での物理的な施設を回避すること	• イギリスとの緊密なパートナーシップと，均衡ある，野心的で広範囲にわたる自由貿易協定(FTA)を確立すること • 北アイルランドでのハードな国境を回避すること
レッドライン	①EU 司法裁判所の管轄権の排除	①物・人・サービス・資本の自由移動の不可分性を含む，単一市場の一体性の維持
	②人の自由移動の廃止	②競争政策，国家援助，税制，社会政策，環境基準などで公平な競争条件を確保し，不公正な競争に対するセーフガードを設定すること
	③EU 財政への義務的分担の拒否	③EU 法秩序と政策決定の自律性の維持
	④独自の通商政策を追求する自由	④イギリスに対して，EU 離脱の結果としてEU 加盟国より有利な条件を得ることがないようにすること，など

（出典：Joe Owen, Alex Stojanovic and Jill Rutter, “Trade after Brexit: Options for the UK’s relationship with the EU”, Institute for Government, 2017, p. 41）

渉姿勢を修正するというプラグマティックなアプローチで臨んだ。(7) EUのミッシェル・バルニエ(Michel Barnier)首席交渉官は、二〇一八年四月一〇日、「もしイギリスがブレグジット後のEUとの関係の条件としているレッドラインをシフトさせる決定をすれば、われわれも同様にレッドラインをシフトさせるだろう(8)」と語っている。英EUの交渉目標とレッドラインを比較したものとして、図表1−2を参照されたい。

以下の各章で述べるとおり、英EUの各レッドラインは、単一市場に関税同盟を含めると、〈主権回復＝単一市場からの離脱〉と〈主権共有＝単一市場の一体性維持〉の対立という形で主に展開していくことになる。

2　ブレグジット後の英ＥＵ経済関係に関するオプション

(1)　ハードな離脱とソフトな離脱

イギリスにとって、ＥＵは最大の貿易相手である。二〇一七年において、イギリスのＥＵへの輸出額は二七四〇億ポンド（約三八兆三六〇〇億円）で、イギリスの全輸出に占める割合は四四・五％であった。また、イギリスのＥＵからの輸入額は三四一〇億ポンド（約四七兆七四〇〇億円）で、イギリスの全輸入に占める割合は五三％であった。(9) このため、イギリスがブレグジット後もＥＵとの貿易を維持することは死活的に重要である。

ブレグジット後のイギリスとＥＵとの経済関係にはどのような選択肢が考えられるかをめぐるオプションとして、(10) ＥＵ加盟の状態からの距離の遠近を基準とするならば、ハードなＥＵ離脱からソフトなＥＵ離脱(11)までが存在する。この場合の「ハード」とは、ＥＵの関税同盟や単一市場から離脱して、日米と同じように世界貿易機関（ＷＴＯ）協定や自由貿易協定（ＦＴＡ）に基づく関係に入ることを意味する。これに対して「ソフト」とは、ＥＵの関税同盟や単一市場の要素を一部または全部取り入れた関係にとどまることを示している。よりハードな離脱からよりソフトな離脱の順に、以下のようなモデルが想定される。

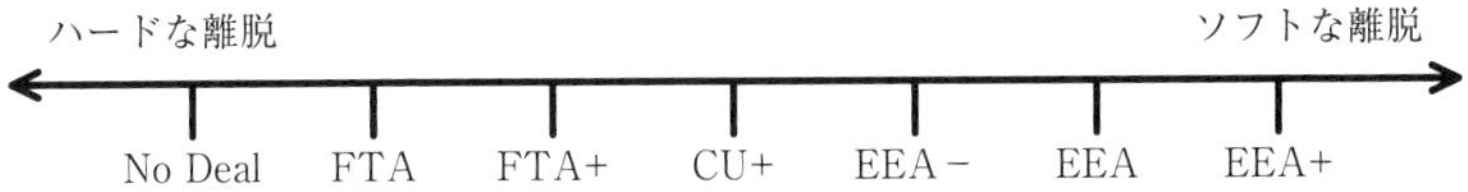

（出典：Simon Hix, "Brexit: Where is the EU-UK Relationship Heading?", *Journal of Common Market Studies*, Vol. 56, No. S1, 2018, pp. 11-27 at 12（Figure 1）に依拠して一部修正のうえ筆者作成）

図表 1-3 英 EU 将来関係取り決めに関するオプション

「合意なき離脱 No Deal」（WTOモデル）
「自由貿易協定ＦＴＡ」（カナダ・モデル）
「自由貿易協定プラスＦＴＡ＋」（カナダ・プラス・モデル）
「関税同盟プラスＣＵ＋」（トルコ・プラス・モデル）
「欧州経済領域マイナスＥＥＡ－」（ノルウェー・マイナス・モデル）
「欧州経済領域ＥＥＡ」（ノルウェー・モデル）
「欧州経済領域プラスＥＥＡ＋」（ノルウェー・プラス・モデル）

以上について説明していきたいが、まず、図表１－３を参照されたい。なお、スイスとＥＵ間で一二〇以上の個別協定を積み上げることにより、スイスのＥＵ単一市場へのアクセスを認めるが、金融サービスは原則として含まれない「スイス・モデル」（関税同盟には不参加）もあるが、ＥＵはこのモデルの再現を望んでいないため、本書では除外する。また、「ウクライナ・モデル」と呼ばれるＥＵとウクライナ等との、規制の調和を含む包括的な自由貿易協定も存在するが、カナダ・モデルなどに含めて考えることとし、直接には扱わない。

(2)「合意なき離脱No Deal」(WTOモデル)

「合意なき離脱No Deal」とは、イギリスが自由貿易協定などの取り決めなしにEUを離脱し、WTO協定のみに基づいてEUと貿易を行うことを意味する。最もハードな離脱であるこのオプションでは、イギリスはWTO協定の範囲内で税関や規制に関するルールを自由に決めることができる。しかし、双方の側、とくにイギリス側に、甚大な経済的悪影響が出る[12]。イギリス保守党内の強硬(ハード)離脱派を除き、このオプションは選好されていないので、本章では直接の検討対象からは除外する。なお、それにもかかわらず、時間切れや「アクシデント」により、「合意なき離脱」となる可能性があり得る。

(3)「自由貿易協定FTA」(カナダ・モデル)

「自由貿易協定FTA」(カナダ・モデル)とは、二〇一六年一〇月三〇日に署名され、二〇一七年九月二一日に暫定発効したEUカナダ包括的経済貿易協定(the EU-Canada Comprehensive Economic and Trade Agreement: CETA)[13]をモデルとするものである。これはEUと加盟国の権限が両方含まれる「混合協定」のため、EU全加盟国が批准した後に正式発効する。CETAは、工業製品の九九%に関して関税を撤廃し、また、農業産品については鶏肉や鶏卵などを除き、九〇%

を超える品目で関税を撤廃する。

しかし、サービス分野では、CETAは一定のサービス市場を開放するにとどまる。視聴覚（AV）サービス、公共サービス、航空輸送サービスなどは除外されている。金融サービスでは、EU単一市場で一加盟国当局の免許に基づいて他の加盟国でも営業することが可能となる「単一パスポート制度」（第三章参照）は含まれていない。カナダの金融機関は、EUが第三国に金融規制上の「同等性」があることを承認することに基づく「同等性」制度（第三章参照）の下でEUに越境サービスの取引を一定分野で行うことができるにとどまる。現在のところ、EUは一六の金融サービス分野でカナダに対して「同等性」を承認している。

また、金融安定を維持するために必要であるとみなす場合、一方的に市場アクセスを取り消す権利を認める「プルーデンシャル・カーブアウト」（a prudential carve-out）条項が置かれている[14]。このようにCETAでは、金融サービスをはじめとするサービス分野で自由化の範囲が極めて限定されている[15]。

(4)「自由貿易協定プラス FTA＋」（カナダ・プラス・モデル）

「自由貿易協定プラス FTA＋」（カナダ・プラス・モデル）は、「カナダ・プラス・プラス・プラス」とも呼ばれることがあり[16]（第三章参照）、単一パスポート制度など、金融サービスをはじめとするサービス分野の自由化を含む。しかし、EUが自由貿易協定で他国に対して高水準のサービス貿易自由化を認めたことはほとんどない。

(5) 「関税同盟プラスCU＋」(トルコ・プラス・モデル)

関税同盟とは、参加国が相互間の物品貿易においてすべての関税(および数量制限)を撤廃するとともに、第三国からの輸入品に対して共通域外関税を適用するものである。このオプションでは、物品貿易においてイギリスは独自の通商政策を追求することができない。

EU自体が関税同盟を形成しており、「物の貿易すべてにわたり、加盟国間における輸入および輸出に対する関税ならびに同等の効果を有するすべての課徴金の禁止、ならびに第三国との関係における共通関税の採択を含む関税同盟を包含する」(EU機能条約第二八条)[17]。

これとは別個にEUトルコ関税同盟が形成されている。すなわち、トルコとEUはアンカラ協定と呼ばれる「連合協定」(Association Agreement)(一九六三年署名、六四年発効)を締結したが、同協定で設置された「EC–トルコ連合理事会」(the EC-Turkey Association Council)は一九九五年三月六日付決定[18](同年一二月三一日発効)に基づき、一九九六年七月一日より関税同盟を実現した。しかし、この「関税同盟CU」(トルコ・モデル)では、EU内の関税同盟と比べて、トルコに不利な扱いがなされている。第一に、農産品が除外されるなど、対象範囲が限定的である。第二に、貿易に対する技術的障壁が撤廃されていない結果、EUとトルコの国境で税関検査（規制チェック）が維持されている。第三に、輸送サービスの協定が存在しないため、トルコの輸送車両はEU加盟国ごとに輸送許可を申請しなければならない。第四に、トルコがEUの第三国との自由貿易協定を通じて市場アクセスを自動的に追加確保することができないにもかかわらず、それらの第三国はトルコに対して市場アクセスを有する。トルコがそれらの第三国に市場アクセスを確保するためには、別途、当該第三国と自由貿易協定を交渉・締結する必要がある。第五に、トルコは関税同盟に関わる政策決定や司法判断に参加する権利が認められていない[19]。

このため、イギリスがEUとの間で関税同盟を選択する場合のオプションとして、「関税同盟CU」（トルコ・モデル）ではなく、それに含まれる四つの不利な条件を撤廃し、英EUが完全に対等な関係に立つ「関税同盟プラスCU＋」（トルコ・プラス・モデル）をオプションとして設定する。

(6)「欧州経済領域EEA」（ノルウェー・モデル）

「欧州経済領域EEA」（ノルウェー・モデル）とは、欧州自由貿易連合（EFTA）に加盟するノルウェー、アイスランド、リヒテンシュタインがEUとの協定により、EUの単一市場（物・人・サービス・資本の自由移動）への完全な参加を認められる取り決めである[20]。このオプションには関税同盟が含まれないため、イギリスは第三国と独自の貿易協定を自由に締結することが可能となる。

図表 1-4　ブレグジット・オプションとレッドライン

	FTA	FTA+	CU+	EEA−	EEA	EEA+
EU 司法裁判所の管轄権の排除	○	○	○	△	△	△
人の自由移動の廃止	○	○	○	○	×	×
EU 財政への義務的分担の拒否	○	○	○	×	×	×
独自の通商政策を追求する自由	○	○	×	○	○	×

（出典："The options for the UK's trading relationship with the EU", The Institute for Government, 〈https://www.instituteforgovernment.org.uk/printpdf/4418〉に依拠して筆者作成）

他方で、ＥＵのルール作りには参加することができない。また、ＥＵへの財政的貢献を求められる。なお、ＥＵ司法裁判所の直接の管轄の下にはないが、同裁判所と密接な関係を有するＥＦＴＡ裁判所の管轄に服する。(21)

(7)「欧州経済領域プラスＥＥＡ＋」（ノルウェー・プラス・モデル）

「欧州経済領域プラスＥＥＡ＋」（ノルウェー・プラス・モデル）は、ＥＥＡオプションに関税同盟オプションを加えたものである。この場合、イギリスは独自の通商政策を追求することができなくなる。

バルニエ首席交渉官は、二〇一八年四月一〇日、『南ドイツ新聞』（*Süddeutsche Zeitung*）紙のインタビューで、イギリスがブレグジット後もＥＵの単一市場と関税同盟にとどまること、すなわち、ノルウェー・プラス・モデルが、「国境でのチェックのない摩擦なしの貿易を見込める唯一の選択肢である」と述べたことがある[22]。

(8)「欧州経済領域マイナスＥＥＡ―」（ノルウェー・マイナス・モデル）

「欧州経済領域マイナスＥＥＡ―」（ノルウェー・マイナス・モデル）では、物・人・サービス・資本の自由移動のうち、ＥＵ域内の移民労働者の流入に上限を設定することや、一定数を超える流入がある場合には「非常ブレーキ措置」を発動して制限することなどにより、人の自由移動が適用除外される[23]。

以上のオプションを、イギリスのレッドラインに照らして評価すると、図表1－4のとおりとなる（レッドラインに基本的に適合する場合には○、一部適合する場合には△、適合しない場合は×で示されている）。

3　「経済統合の強度」と「国内政策上の主権」の関係とは？

ここで視点を変えて、経済統合の強度と国内政策上の主権行使の自由度がどのような関係にあるのかを見ておく。

経済協力開発機構（ＯＥＣＤ）の用語集によれば、地域的通商取り決めの類型として、自由貿易地域、関税同盟、共同市場および経済同盟が、以下のように定義されている。(24)
（ア）「自由貿易地域」（Free Trade Area）とは、「参加国の間で関税障壁および非関税貿易障壁が一般的に撤廃されるが、非参加国に対する共通通商政策を有しない国家集団」を指す。例として、北米自由貿易協定（the North American Free Trade Agreement: NAFTA）、ＥＦＴＡなどがある。
（イ）「関税同盟」（Customs Union）とは、「参加国が、第一に当該関税同盟内部で産品に関する自由貿易を認めることに合意し、かつ、第二に世界の他の諸国からの輸入に対する共通対外関税（a common external tariff: CET）に合意するという二点を行う国家間取り決め」をいう。関税同盟の最も有名な例は、ＥＵである。ＣＥＴは、関税同盟を自由貿易地域から区別する特徴である。これに対し、自由貿易地域では、参加国間の貿易は関税なしで行われるが、参加国は他の諸国からの輸入に対して自国の対外関税を維持する。
（ウ）「共同市場」（Common Market）とは、「域内における生産要素（人および資本）の移動を自由化する規定を有する関税同盟」である。ＥＵは、関税同盟に加えて、物・人・サービス・資本の自由移動から成る「域内市場」（単一市場）という名称の共同市場を形成している。
（エ）「経済同盟」（Economic Union）とは、「とくにマクロ経済および規制などの一定の経済政策を調和するための規定を有する共同市場」である。ＥＵは、この意味における経済同盟でもある。

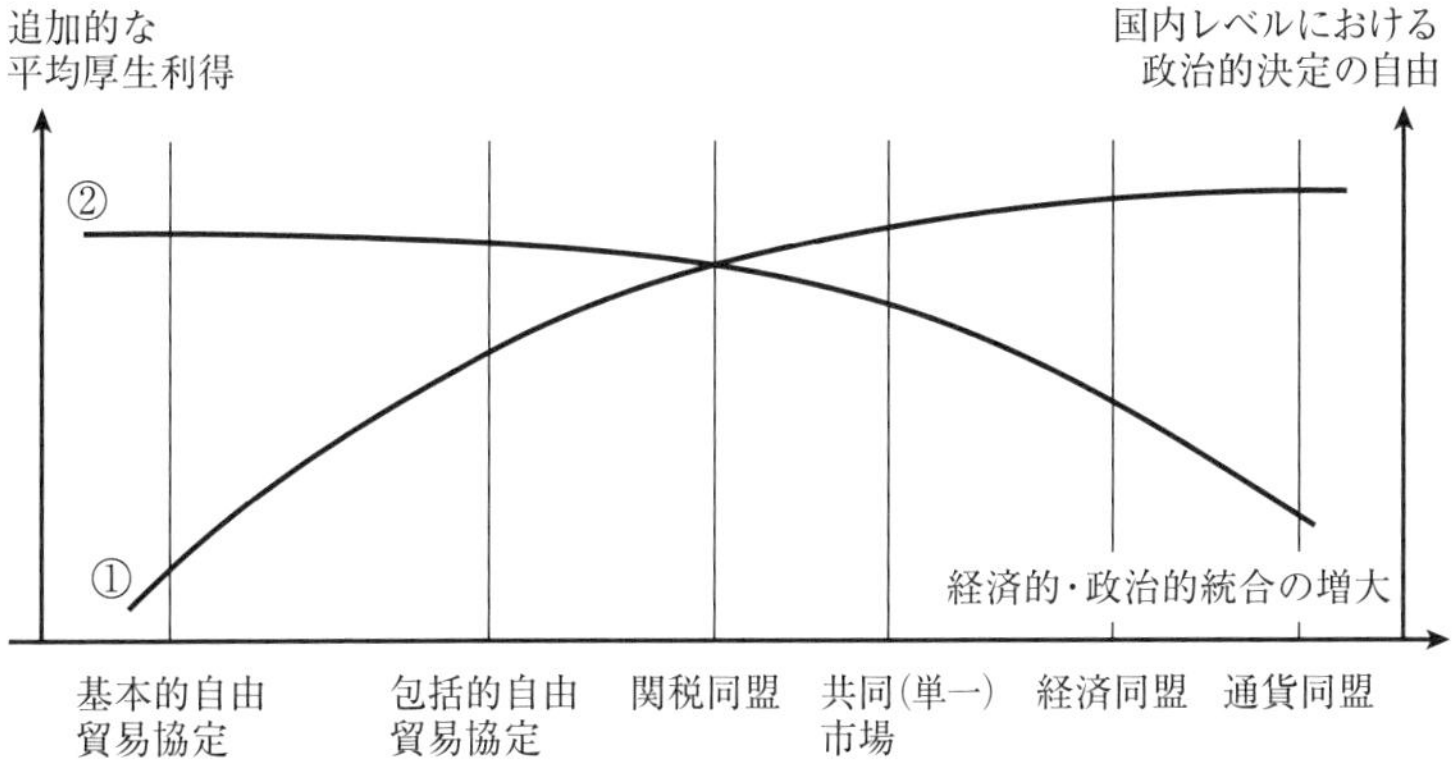

（出典：Erdal Yalcin, Rahel Aichele and Gabriel Felbermayr, “Turkey's EU integration at a crossroads”, GED Study, Bertelsmann Stiftung, 2016, Figure 2 at p. 14，庄司克宏「Brexit の諸問題・7 EU 単一市場と関税同盟(3)」，『貿易と関税』第 65 巻 10 号，2017 年 10 月，13 頁）

図表 1-5　経済統合の強度と国内政策上の主権

（オ）なお、OECDの用語集には示されていないが、参加国が相互間で安定した為替レートを定め、共通の中央銀行が単一の金融政策を決定する「通貨同盟」(Currency Union)もある[25]。EU加盟一九カ国が単一通貨ユーロの下で通貨同盟を形成している。

主権国家間の経済関係が緊密になり、経済政策面での協力が深まって、(ア)から(オ)へと経済統合の度合いが強くなると、得られる経済的利益が増大する反面、主権行使の自由度が減少することになる。すなわち、理論上、国家主権と経済統合には負の相関関係があると言われる。図表1-5を参照されたい。そこに示されるグラフの横軸は、経済統合の段階がその強度に応じて左から右へと、関税を撤廃する「基本的自由貿易協定」、関税に加えて基準の調和により非関税障壁を撤廃する「包括的自由貿易協定」、「関税同盟」、「共同(単一)市場」、「経済同盟」、「通貨同盟」の順に示されている。左縦軸には経済統合の段階を高めることで得られる経済的利益を意味する「追加的な平均厚生利得」(Average additional welfare gain)、また、右縦軸には「国内レベルにおける政治的決定の自由」(Freedom in political decisional at a national level)が、それぞれ、下から上に大きくなる形で設定されている。[26]

左下から右上に上がる曲線①は、二つの国が相互間で経済的障壁を撤廃する場合に得られる可能性のある厚生利得(経済的利益)を示している。たとえば、二つの国が関税を撤廃する「基本的自由貿易協定」から、関税撤廃に加えて基準の調和により非関税障壁を撤廃する「包括的自由貿易協定」に移行することにより、経済統合を深化させることができる。貿易コストの追加的削減の結果として、当該二国間の貿易フローと経済活動が増大し、また、それに伴い、雇用の増大または賃金の上昇という形の追加的な厚生利得が達成される。[27]

他方、左上から右下に下がる曲線②は、経済統合の段階が進むにつれて、参加国は自国領域における政治的決定の独立性が制限されることを示している。たとえば、「包括的自由貿易協定」の下では、参加国は製品基準の調和を一方的に変更することができなくなる。このようにして、経済統合の深化により得られる厚生利得と引き換えに、国内レベルの政治的自由が縮減される。その一方で、広域レベルの国境を越える構成体が統一された政治的枠組みを構成するようになる。[28]

以上の点を示す図表1－5において興味深いのは、理論的に見るならば、経済統合と主権の制限の最適な関係をもたらすのが「関税同盟」であるという点である。ただし、関税同盟協定が第三国との関係に対する参加国の権利義務を対称的に、つまり、公平に設定することが前提とされている。[29]それは、先述した「関税同盟プラスCU＋」（トルコ・プラス・モデル）を意味する。

4　英EU交渉における優先順位と想定される交渉結果

(1)　英EU交渉における優先順位

先述したブレグジット・オプションの中で英EU交渉におけるイギリスの優先順位は、主権回復という基準に照らす場合、次のように想定される。[30]

第一順位　「自由貿易協定プラスFTA＋」（カナダ・プラス・モデル）
第二順位　「自由貿易協定FTA」（カナダ・モデル）
第三順位　「欧州経済領域マイナスEEA－」（ノルウェー・マイナス・モデル）
第四順位　「関税同盟プラスCU＋」（トルコ・プラス・モデル）
第五順位　「欧州経済領域EEA」（ノルウェー・モデル）
第六順位　「欧州経済領域プラスEEA＋」（ノルウェー・プラス・モデル）

図表 1-6　英 EU 将来関係協定の交渉における優先順位

		イギリス	EU 27 カ国
主要基準		主権回復	主権共有(単一市場の一体性)
優先順位	1	FTA＋	EEA＋
	2	FTA	EEA
	3	EEA－	FTA
	4	CU＋	CU＋
	5	EEA	FTA＋
	6	EEA＋	EEA－

(出典：Simon Hix, "Brexit: Where is the EU-UK Relationship Heading?", *Journal of Common Market Studies*, Vol. 56, No. S1, 2018, pp. 11-27 at 20, 21 に依拠して一部修正のうえ筆者作成)

また、ＥＵ二七カ国の優先順位は、主権共有を具現する「単一市場の一体性」という基準に照らす場合、次のように想定される。[31] 第四から第六順位のモデルでは、「単一市場の一体性」に反する形でイギリスに利益をもたらすため、優先順位が低くなっている。

第一順位　「欧州経済領域プラスＥＥＡ＋」（ノルウェー・プラス・モデル）

第二順位　「欧州経済領域ＥＥＡ」（ノルウェー・モデル）

第三順位　「自由貿易協定ＦＴＡ」（カナダ・モデル）

第四順位　「関税同盟プラスＣＵ＋」（トルコ・プラス・モデル）

第五順位　「自由貿易協定プラスＦＴＡ＋」（カナダ・プラス・モデル）

第六順位　「欧州経済領域マイナスＥＥＡ－」（ノルウェー・マイナス・モデル）

以上の英ＥＵの優先順位を比較したものとして、図表１－６を参照されたい。

(2) 英EU交渉結果の可能性

次に、主権回復(関税同盟を含む単一市場からの離脱)と主権共有(関税同盟を含む単一市場の一体性)という各基準に基づき、英EU将来関係協定の交渉における優先順位の組み合わせを考慮に入れて、両者が強硬な姿勢を通す場合から妥協的な姿勢を示す場合(その中間を含む)を念頭に置いて、交渉結果を予想するならば、最も可能性が高いのが「自由貿易協定FTA」(カナダ・モデル)である。なぜならば、EUとしては「単一市場の一体性」の観点から最も望ましいのが、イギリスが単一市場と関税同盟に参加する「欧州経済領域プラスEEA＋」(ノルウェー・プラス・モデル)、次いで、イギリスが単一市場にとどまる「欧州経済領域EEA」(ノルウェー・モデル)であるが、イギリスは主権回復という立場から受け容れることができない。そのため、EUとしては、「自由貿易協定FTA」(カナダ・モデル)を選択して、イギリスを単一市場から閉め出すならば、「単一市場の一体性」を維持することができる。イギリスも、主権回復という立場から受け容れ可能ということになる[32]。

なお、EUが「単一市場の一体性」で妥協する場合、最も影響が少ない選択肢は「関税同盟プラスCU＋」(トルコ・プラス・モデル)であると考えられる。なぜならば、関税撤廃や(その限りでの)税関検査の廃止は、単一市場における物の自由移動(すなわち、非関税障壁の撤廃)とは異なる政策を意味するからである。しかし、「自由貿易協定プラスFTA＋」(カナダ・プラス・モデル)の場

図表 1-7　英 EU 将来関係協定の交渉結果の可能性

		EU27 カ国	
		妥協	強硬
イギリス	妥協	CU＋ EEA－	EEA＋ EEA
	強硬	FTA＋	FTA 〈均衡点〉

（出典：Simon Hix, "Brexit: Where is the EU-UK Relationship Heading?", *Journal of Common Market Studies*, Vol. 56, No. S1, 2018, pp. 11-27 at 20 (Figure 5)に依拠して一部修正のうえ筆者作成）

合、イギリスに単一市場の金融サービスへのアクセスを認めることになる。また、「欧州経済領域マイナスＥＥＡ－」（ノルウェー・マイナス・モデル）では、人の自由移動を制限することが可能となるため単一市場の一体性を損なう結果となり、ＥＵにとっては最も妥協が困難な選択肢である。[33]

他方で、イギリスが国内政治の変化などにより主権回復という立場を弱めるならば、「関税同盟プラスＣＵ＋」（トルコ・プラス・モデル）や「欧州経済領域ＥＥＡ」（ノルウェー・モデル）の可能性が開かれる。また、もし両者が平等に譲歩するならば、「欧州経済領域マイナスＥＥＡ－」（ノルウェー・マイナス・モデル）というオプションが選ばれることも考えられる。しかし、ＥＵ離脱の経済的コストはイギリスの方が大きいため、譲歩の必要が大きいのはイギリスの方である。[34] 以上の点について、図表１－７を参照されたい。

以上、本章では、イギリスとＥＵがそれぞれのレッドラインに基づき、経済統合がもたらす利益と国家主権に対する制約の相互関係を合理的に計算して交渉する場合に、どのような結果がもたらされるのかについて述べた。その結論は、「自由貿易協定ＦＴＡ」（カナダ・モデル）となる可能性が最も高いということであった。しかし、これは理論的に考察した場合の結果であり、必ずしも実際にそうなるということではない。

なぜならば、本章で焦点を当てた、ブレグジット後の英ＥＵ経済関係について交渉を行う前に、イギリスとＥＵは秩序ある離脱を確保するための離脱協定に合意する必要があったからである。その離脱協定の交渉には、ブレグジット後においてもアイルランドと北アイルランド（イギリス）の間にハードな国境が出現するのを回避するという難題が待ち構えていた。それは、英ＥＵ経済関係の将来と密接な関わりがあった。この北アイルランド国境問題という難題こそが、最後までイギリス国内政治を混乱に陥れ、イギリスとＥＵの交渉を極めて難しいものとしたのである。次章以降では、なぜそのようなことが引き起こされたのか、また、それにもかかわらずブレグジット・パラドクスという状況がどのようにもたらされたのか、そのドラマの展開について順を追って説明する。

（1）Simon Hix, "Brexit: Where is the EU-UK Relationship Heading?", *Journal of Common Market Studies*, Vol. 56, No. S1, 2018, pp. 11-27. また、Simon Hix, "Two years after the vote, there is little certainty where the UK-EU relationship is heading", blogs.lse.ac.uk/brexit/2018/07/16/two-years-after-the-vote-there-is-little-certainty-where-the-uk-eu-relationship-is-heading/, July 16, 2018 (accessed 15/08/2018) も参照した。なお、本章は、庄司克宏「Brexit の諸問題・17　英ＥＵ将来関係協定の展望（2）」、『貿易と関税』第66巻10号、二〇一八年（四七～五四頁）に加筆修正し、内容的に発展させたものである。

（2）Joe Owen, Alex Stojanovic and Jill Rutter, "Trade after Brexit: Options for the UK's relationship with the EU", Institute for Government, 18 December 2017, p. 41, available at ⟨https://www.institutefor government.org.uk/sites/default/files/publications/IFGJ5896-Brexit-Report-171214-final_0.pdf⟩, accessed 04/02/2018.

(3) *Ibid.*

(4) Definition of "hard border" from the Cambridge Advanced Learner's Dictionary & Thesaurus, available at ⟨http://dictionary.cambridge.org/dictionary/english/hard-border⟩, accessed 03/05/2017.

(5) "Theresa May rejects EU's draft option for Northern Ireland", *BBC News*, 28 February 2018, available at ⟨https://www.bbc.com/news/uk-politics-43224785⟩, accessed 08/12/2018.

(6) *Ibid.*

(7) Jérôme Gazzano and Andi Mustafaj, "Wishful Brexiting - or the complicated transformation of what the British want into reality", European issues, No. 467, Fondation Robert Schuman, 27 March 2018, p. 5, available at ⟨https://www.robert-schuman.eu/en/doc/questions-d-europe/qe-467-en.pdf⟩, accessed 11/04/2018.

(8) "'Norway Plus' model only way to achieve frictionless trade post-Brexit, says Barnier", The Daily Shakeup, Open Europe, 11 April 2018, available at ⟨https://openeurope.org.uk/daily-shakeup/labour-shadow-trade-secretary-rubbishes-party-sixbrexit-tests/?utm_source=Open+Europe&utm_campaign=4cd1a53cb6-RSS_Campaign_Daily_Shakeup&utm_medium=email&utm_term=0_c045172cb6-4cd1a53cb6-294947649⟩, accessed 11/04/2018.

(9) Matthew Ward, "Statistics on UK-EU trade", Commons Library Briefing, No. 7851, 30 November 2018, p. 3, 4, available at ⟨https://researchbriefings.files.parliament.uk/documents/CBP-7851/CBP-7851.

pdf〉, accessed 04/01/2019.

(10) この点については、庄司克宏「Brexit の諸問題・11　イギリスのＥＵ離脱後におけるＥＵ単一市場と金融サービス貿易——単一パスポートのゆくえ(３)」、『貿易と関税』第66巻3号、二〇一八年(二五〜三五頁)二五〜二七頁を参照されたい。

(11) 庄司克宏「Brexit の諸問題・1　イギリスのＥＵ離脱交渉とそのゆくえ」、『貿易と関税』第65巻4号、二〇一七年(六〜一七頁)一一〜一四頁。

(12) Simon Hix, "Brexit: Where is the EU-UK Relationship Heading?", op. cit. *supra* note 1, p. 12.

(13) European Commission, *CETA chapter by chapter*, 16 December 2016 (last update), available at 〈http://ec.europa.eu/trade/policy/in-focus/ceta/ceta-chapter-by-chapter/〉, accessed 05/02/2018.

(14) ＧＡＴＳの「金融サービスに関する附属書」第二条(ａ)には、「この協定の他の規定にかかわらず、加盟国は、信用秩序の維持のための措置(投資者、預金者、保険契約者若しくは信託上の義務を金融サービス提供者が負う者を保護し又は金融体系の健全性及び安定性を確保するための措置を含む。)をとることを妨げられない」と規定されている。ＧＡＴＳ条文について、経済産業省のホームページ〈http://www.meti.go.jp/policy/trade_policy/wto_agreements/marrakech/html/wto15m.html#01〉を参照した(二〇一八年二月一〇日アクセス)。

(15) 庄司克宏「Brexit の諸問題・11　イギリスのＥＵ離脱後におけるＥＵ単一市場と金融サービス貿易(３)」、前掲注(10)、二七、二八頁。

(16) "Brexit: David Davis wants 'Canada plus plus plus' trade deal", *BBC News*, 10 December 2017. available at 〈http://www.bbc.com/news/uk-politics-42298971〉, accessed 04/02/2017.

(17) 庄司克宏著『新ＥＵ法　政策篇』岩波書店、三一〜三五頁。

(18) Decision 1/95 of the Association Council of 22.12.1995 (OJ L 35, 13.02.1996).

(19) 庄司克宏「Brexit の諸問題・7　EU単一市場と関税同盟(3)」、『貿易と関税』第65巻10号、二〇一七年(一二～一九頁)一六、一七頁。

(20) 庄司克宏「Brexit の諸問題・11　イギリスのEU離脱後におけるEU単一市場と金融サービス貿易(3)」、前掲注(10)、二六頁。

(21) 英EU将来関係白書におけるEU司法裁判所の位置付けについては、庄司克宏「Brexit の諸問題・16　英EU将来関係協定の展望(1)――Brexit 白書の検討」、『貿易と関税』第66巻9号、二〇一八年(六八～七九頁)七一、七二頁を参照されたい。

(22) "'Norway Plus' model only way to achieve frictionless trade post-Brexit, says Barnier", op. cit. *supra* note 8.

(23) Simon Hix, "Brexit: Where is the EU-UK Relationship Heading?", op. cit. *supra* note 1, p. 13.

(24) "Regional Trading Arrangement", OECD Glossary of Statistical Terms, available at 〈https://stats.oecd.org/glossary/detail.asp?ID=3127〉, accessed 09/07/2017.

(25) Erdal Yalcin, Rahel Aichele and Gabriel Felbermayr, "Turkey's EU integration at a crossroads", GED Study, Bertelsmann Stiftung, 2016, p. 13, available at 〈https://www.bertelsmann-stiftung.de/fileadmin/files/BSt/Publikationen/GrauePublikationen/NW_Turkey_s_EU_integration.pdf〉, accessed 03/08/2017.

(26) *Ibid.*

(27) *Ibid.*

(28) *Ibid.*, p. 14.

（29） *Ibid*., p. 14, 15.
（30） *Ibid*., p. 11 を参考にした。
（31） 同右。
（32） Simon Hix, "Brexit: Where is the EU-UK Relationship Heading?", op. cit. *supra* note 1, p. 21, 22.
（33） *Ibid*.
（34） *Ibid*., pp. 13-16.

第2章

「離脱」をめぐるルールとポリティクス
——何をどのように決めるのか？

二〇一六年六月二三日の国民投票でイギリスのEU離脱（ブレグジット）が決まり、それを受けてイギリスのメイ首相は二〇一七年三月二九日にEUに対して正式に離脱通告を行った。これにより二年間の離脱交渉期間が始まったが、最初の問題は離脱交渉で何をどのように決めるのかを決めることであった。離脱手続はEUの憲法に当たるEU基本条約（EU条約第五〇条）に定められていたが、細部まで書かれていない。そのため、ルールの解釈をめぐってポリティクスが展開された。最大の問題は、離脱協定と将来関係協定のどちらを優先して交渉するのかということであり、この点がその後の交渉のゆくえを左右するものとなった。

1　EU条約は離脱プロセスをどう定めているか

欧州統合は「欧州諸民の一層緊密化する連合」（an ever closer union among the peoples of Europe）を創設するプロセスである。このため、従来、加盟国が自己の意思でEUから離脱することは想定されていなかった。それを反映して、EUの憲法に当たるEU基本条約（正式にはEU条約とE

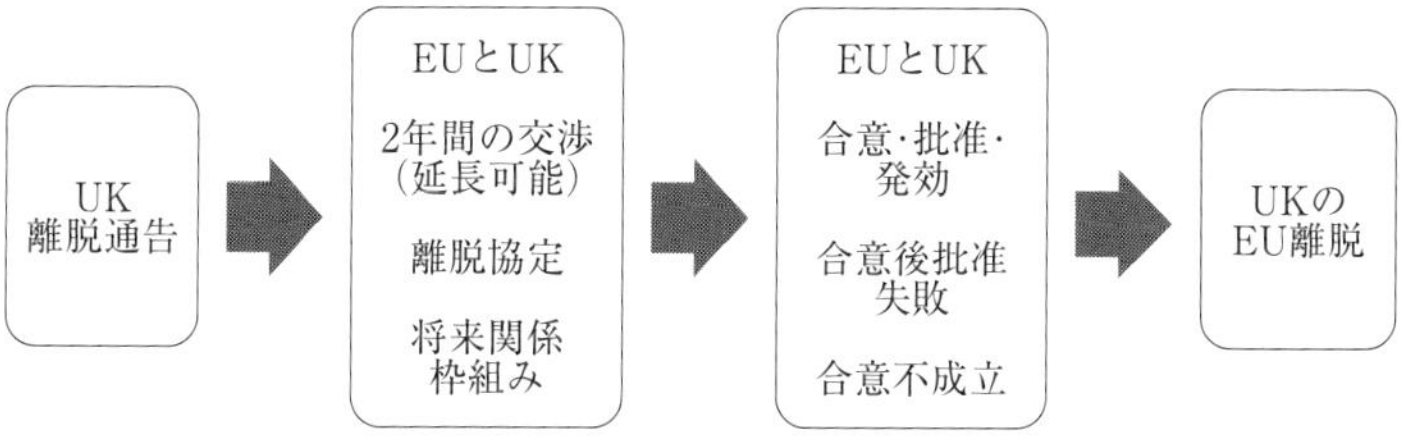

図表 2-1　EU 離脱プロセスとイギリス

U機能条約)には、離脱ルールが存在しなかった[1]。しかし、二〇〇九年一二月一日に発効したリスボン条約による基本条約の改正で、現在ではEUからの自発的離脱についてルールを定めるEU条約第五〇条が置かれている。それによれば、離脱プロセスは次の五つの内容からなる。

① 加盟国は自国の憲法が定める要件に従ってEUから離脱することを決定することができる。

② 離脱を決めた加盟国は、その意思を欧州理事会(EU首脳会議)に通告する。

③ 欧州理事会が定める指針に照らしてEUは当該国と離脱交渉を行う。EU側の交渉担当者は通常、コミッションである[2]。離脱協定で離脱に関する取り決めが定められる際、EUとの将来的な関係のための枠組みが考慮に入れられる。

④ 閣僚理事会は、例外的に国票として二〇カ国以上、かつ二七カ国総人口の六五%以上による特定多数決に基づき、EUを代表して離脱協定を締結する。これには、欧州議会(当該国の議員を含む七

五一人）の同意（単純多数決による）が必要である。すなわち、欧州議会には拒否権がある。

⑤ 離脱協定が発効した日にEU基本条約は当該国に適用されなくなる。また、欧州理事会への通告から二年以内に交渉がまとまらない場合にも、基本条約の適用は停止されるが、欧州理事会が当該国との合意のうえ全会一致で交渉期限を延長することもできる。

以上の手続をイギリスに当てはめると、図表2－1のとおりとなる。なお、右に述べた欧州理事会および閣僚理事会の審議および決定に当該国は参加しない。離脱国がEUへの再加盟を希望する場合は、通常の加盟手続に従い、加盟申請、加盟条件の交渉、加盟条約・議定書の締結、申請国とEU全加盟国による批准というステップを踏む(3)。また、離脱協定の締結に伴い、残留する加盟国は離脱国に関わる基本条約関連規定をすべて削除または修正するため、離脱協定の締結と同時に基本条約の改正(4)を行う必要がある。

2　離脱交渉で何を決めるのか？――見解の相違

(1)　メイ首相とユンカー委員長のロンドン会談

二〇一七年四月二六日、ロンドンにおいて、メイ首相とユンカーEUコミッション委員長は、六月八日に予定されていたイギリス総選挙の後を念頭にブレグジット交渉に関する会談を行った。イギリス首相報道官は、この会談を「建設的」なものであったと評した。[5] ところが、ユンカー委員長は会談後、「以前より一〇倍懐疑的になってダウニング街一〇番地[イギリス首相官邸]を後にしている」と語り、その後にアンゲラ・メルケル(Angela Merkel)ドイツ首相に電話をし、メイ首相が離脱交渉について「勘違い」をしており、「別宇宙に住んでいる人のように見えた」と伝えている。その翌日、メルケル首相は議会演説において、イギリスがEUを離脱するならば加盟国と同じ権利を保持できないことは自明のことであるにもかかわらず、「イギリスの中には依然として幻想を抱いている人がいるという印象を受けている」と語った。[6] これに対して、メイ首相は後日、離脱交渉ではユンカー委員長を相手に「めちゃくちゃ頑固な女(a "bloody difficult wom-

写真 2-1　メイ英首相　出典：Ms Theresa MAY, UK Prime Minister © European Union

写真 2-2　ユンカーEUコミッション委員長　出典：Jean-Claude Juncker, President of the EC © European Union

写真2-3 トゥスク欧州理事会常任議長　出典：Mr Donald TUSK, President of the European Council © European Union

an")になりますよ」と応じたと言われている。[7]

このように、離脱交渉の開始前からイギリスとEUの立場はすでに大きく違うことが鮮明となっていたことがうかがえる。

(2) 英EUの対立

イギリス議会が可決した二〇一七年EU離脱通告法(European Union (Notification of Withdrawal) Act 2017)[8]の効力が三月一六日に発生したのを受けて、メイ首相は三月二九日、EUのトゥスク欧州理事会常任議長に書簡(以下、メイ書簡)を送り、正式にEUからの離脱通告を行った。[9] これを受け取ったトゥスク常任議長は、記者会見で次のように語った。

「この[離脱]プロセスで得るものは何もありません。わたしは双方の側のことを言っています。要するに、これはダメージ・コントロールなのです。わたしたちの目標は明確です。すなわち、EU市民、企業、そして加盟国にとってのコストを最小限にすることです。[10]」

このメイ書簡による通告で二年間の離脱交渉期間が開始され、二〇一九年三月二九日をもってイギリスはEUを離脱することが決まった。しかしながら、離脱交渉で何を決めるのかをめぐって、英ＥＵに大きな見解の相違があった。

　ＥＵ条約第五〇条には、「ＥＵとの将来の関係のための枠組みを考慮に入れて、離脱のための取り決めを定める当該国との協定を交渉し、締結する」と書かれている。この条文には、主要な対象である「離脱のための取り決め」という離脱協定、および、考慮に入れる対象としての「ＥＵとの将来の関係のための枠組み」（それに基づいて英ＥＵ将来関係協定の交渉が行われる）という二つの要素が含まれている。この関係について、イギリスとＥＵの間にはそれぞれの交渉上の有利不利を反映して解釈の相違があり、「離脱協定先行」アプローチと「両協定併行」アプローチが存在した。イギリスは「両協定併行」アプローチの立場であり、離脱協定を締結するのと併行して英ＥＵ将来関係協定の枠組みに合意し、段階的に実施するよう求めた。これに対し、ＥＵは「離脱協定先行」アプローチの立場であり、離脱協定をまず締結して、移行期間を設定し、イギリスがＥＵの第三国になってから、将来関係協定を交渉し締結するよう主張した。この対立関係について、図表２－２を参照されたい。

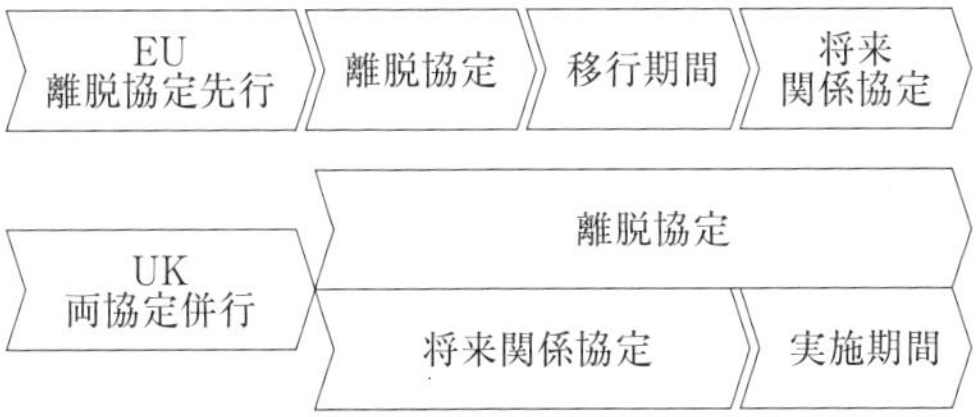

図表 2-2　離脱交渉プロセスをめぐる英 EU の対立

3　イギリスのアプローチ——両協定併行

イギリスは、二〇一七年一月一七日におけるメイ首相の「EU離脱のための政府交渉目標」演説(以下、ランカスターハウス演説)[11]、また、二月二日に公表された政府白書「イギリスのEU離脱および新たなパートナーシップ」[12](以下、ブレグジット白書)において、EU条約第五〇条が定める離脱交渉期間の二年以内に離脱協定とともに英EU将来関係協定に合意することを求める、と明らかにした。

メイ首相はランカスターハウス演説において、自動車の輸出や国境を越えた金融サービス提供の自由などの一定分野で、現行の単一市場に類似した要素を将来の包括的自由貿易協定に含めることができると述べた。また、関税同盟から離脱する一方で、自由貿易協定により関税を撤廃することに加え、EUとの間で税関手続などに伴う障壁をなくして貿易を円滑に進めるための税関協定を結ぶよう希望した[13]。

また、ブレグジット白書によれば、次のように述べられていた。

「二年間の第五〇条プロセスが終了する時点までに、将来のパートナーシップに関する合意に達することを希望する。その時点より先には段階的な実施プロセスとしてイギリス、EU諸機関および加盟国が、両者間に存在することになる新たな取り決めの準備を行うことが、相互の利益になると確信する。[14]」

このようなプロセスに含まれるものとして例示されたのは、入国管理、税関システム、刑事・民事司法協力の方法、金融サービスなどのビジネスに関わる将来的な法規制枠組みである。これらのために暫定取り決めを結ぶか否かは交渉次第であるが、際限のない移行措置は望まないことも示された。[15]

そのようなプロセスを念頭に置いて、二〇一七年三月二九日のメイ書簡で提案された交渉原則は、次の七点であった。

①　単一市場における物・人・サービス・資本の自由移動が不可分一体であり、「いいとこ取り」はできないこと、また、離脱によりEU経済やイギリス企業に影響を及ぼすEUの政策決定にイギリスがもはや影響力を持たなくなることを受け容れる。

②　離脱後においてイギリスに居住するEU市民およびEUに居住するイギリス市民の権利を尊重するため、早期の合意に達する。

③　経済と安全保障の両面を含む、深遠かつ特別なパートナーシップの関係について、離脱協定とともに合意する。

④　相互の経済活動における法的安定性を確保するため、離脱協定の一方で英EU将来関係に関する協定を結ぶ際に、移行期間を設定する。

⑤　イギリスのＥＵ離脱がアイルランドとの間にハードな国境を復活させるのを回避し、北アイルランド和平を維持する。

⑥　英ＥＵ間の包括的自由貿易協定に、金融サービスやネットワーク産業のような重要セクターを含める。

⑦　自由と民主主義に基づく欧州的価値を擁護する。この点は、イギリスが比較優位にある安全保障と結びつけられている。(16)

メイ書簡における特徴は二点見られる。第一に、離脱協定と併行して、包括的自由貿易協定を含む英ＥＵ将来関係協定にも合意する必要性を何度も繰り返し説いていることである。また、第二に経済面の協力と同時に安全保障面の協力についても繰り返し言及している。これらは、イギリスが離脱とともに時を経ずして、実施期間を設定しつつ、包括的な自由貿易協定の関係に入ることを強く望んでいることを示すものであった。(17)

なぜイギリスはこのような「両協定併行」アプローチを主張したのだろうか。その理由として第一に、離脱協定がＥＵ市民の権利保全や離脱清算金など、イギリスにとってもっぱら義務に関わるものであったということである。ＥＵ二七カ国は一致団結してイギリスに義務を負うよう求めた。

第二に、イギリスは将来関係協定も同時に交渉することにより、国民に自国のヴィジョンを示すとともに、保守党内の強硬離脱派に対しては、ＥＵ司法裁判所の管轄権の排除、人の自由移動の廃止、ＥＵ財政への義務的分担の終了、独自の通商政策を追求する自由などのレッドラインを示して支持を得られることが期待された。

第三に、アイルランドと北アイルランドの間でのハードな国境の回避という課題を、将来関係協定を通じてイギリスに有利な形で解決することができると思われた。

第四に、離脱協定とは異なり、将来関係協定ではＥＵ二七カ国の利害が異なるため、イギリスにとって「分割統治」(divide and rule)できる余地があると考えられた。なぜならば、ＥＵ加盟国の立場の相違が表面化する可能性が四点指摘されていたからである。一点目に、イギリスとの貿易量の大小によるものである。[18] ドイツ、スペイン、ベルギー、オランダなどは対英貿易黒字が大きいためブレグジットによる影響を強く受けるが、たとえばオーストリア、クロアチア、スロヴェニアなどはあまり影響を受けない、ということである。[19] 二点目に、ＥＵ予算への純拠出国であるイギリスのＥＵ離脱により、その後のＥＵ予算の規模と配分をめぐって純拠出国(オランダ、スウェーデン、ドイツ、デンマーク、フィンランド、オーストリア、フランスなど)と純受益国(ハンガリー、バルト三国、ギリシャ、ポーランド、ポルトガルなど[20])との対立が先鋭化する可能性がある。[21] 三点目として、イギリスへ移住した労働者数が多い加盟国(ポーランド、ルーマニアなど)にとって、そうでない加盟国よりも、イギリスに残留する自国労働者の権利がどのように維持されるかが重要な問題となる、という点である。[22] これは離脱協定の交渉項目であるが、それを利用してＥＵ二七カ国の結束を乱し、併行する将来関係協定の交渉を有利に進めることができると考えられた。四点目に、EUの東側に位置するポーランドやバルト三国などの加盟国の防衛にとって、NATOにおけるイギリスの役割の維持がEUにとっても重大な課題となる、ということである[23]。

以上のような理由から、メイ首相は当初より、離脱交渉において将来関係協定も併行して扱うよう、EU側に繰り返し求めたのである。

4 EUのアプローチ――離脱協定先行

(1) EU側の交渉体制

EU側の交渉担当者は、ユンカー委員長をトップとするコミッションであり、元コミッション副委員長でフランス外相などを歴任したバルニエ氏が首席交渉官として任命された。EU交渉チームには、閣僚理事会の議長国の代表も加わった。また、欧州理事会常任議長の代表が支援的な役割で参加した。閣僚理事会とその下部機関として各国EU大使で構成される常駐代表委員会は、欧州理事会のEU交渉指針およびそれに基づく閣僚理事会の交渉指令に適合して交渉が行われるよう確保し、また、交渉担当者に指示を与えた。離脱協定の承認権限を持つ欧州議会とは各レベルで緊密に情報・意見交換が行われた(24)。EU側の交渉体制については図表2－3を参照されたい。

バルニエ首席交渉官は、英EU間の懸案事項、移行措置および長期的関係から成る三層アプローチを離脱交渉において採用することを明らかにした。それによれば、離脱協定に含まれる内容は、第一にEU市民の権利保全(労働許可、社会福祉、市民権など)、すでに約束済みの予算上の義務と権利に関する離脱清算金、北アイルランド国境問題など、イギリスのEU離脱に伴う懸案事項を二年以内に処理すること、第二にイギリスがEUを離脱した後に、英EUの長期的関係を定める英EU将来関係協定の交渉を行うこと、第三に将来関係協定の交渉を行うための移行措置を設定することであった。交渉期間である二年以内に離脱協定が成立しない場合、長期的な関係を構築するための英EU将来関係協定も当面締結できなくなることが示された(25)。

写真2-4　バルニエ首席交渉官　出典：Michel Barnier © European Union

(2)「単一パッケージ」と「段階的アプローチ」——欧州理事会の交渉指針

二〇一七年六月八日のイギリス総選挙後にEUと離脱交渉が本格化することを控え、イギリスを除くEU二七カ国の首脳は、四月二九日ブリュッセルにおいて欧州理事会の特別会合を開催

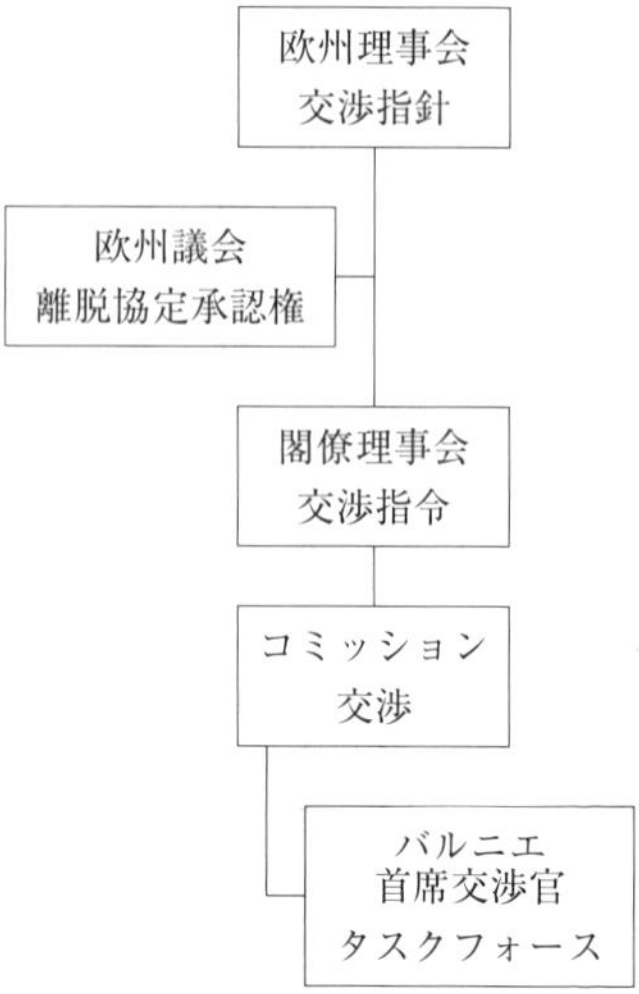

図表 2-3　離脱交渉における EU 側の交渉体制

し、イギリスとの離脱交渉に向けた指針（以下、EU交渉指針[26]）を採択した。しかし、メイ首相が率いる保守党が選挙で議席数を減らし、少数与党に転落したため、北アイルランド地域政党である民主統一党（DUP）の閣外協力を必要とする結果となった（図表2－4）。これは、その後の離脱交渉のゆくえに暗い影を落とすものとなった。

EU交渉指針の特徴は、「単一パッケージ」（一体的アプローチ）と「段階的アプローチ」にある。すなわち、第一に、離脱交渉は「単一パッケージ」として行われ、個々の項目を別々に扱うことは許されない。EUは、統一された立場で、欧州理事会の定めるEU交渉指針、および、それに基づくコミッションの勧告に従い、閣僚理事会が決定する交渉指令に定めるチャンネルを通じてのみ交渉に臨む。個々の加盟国がイギリスと個別交渉をすることは認められない。このため、交渉は透明性を保って行われる[27]。言い換えれば、イギリスが離脱交渉において「分割統治」することは許されない[28]。

第二に、「段階的アプローチ」とは、交渉期間の二年以内に、第一段階として離脱協定について交渉を行うこと、また、離脱協定の交渉が十分進展するという条件付きで、第二段階として英

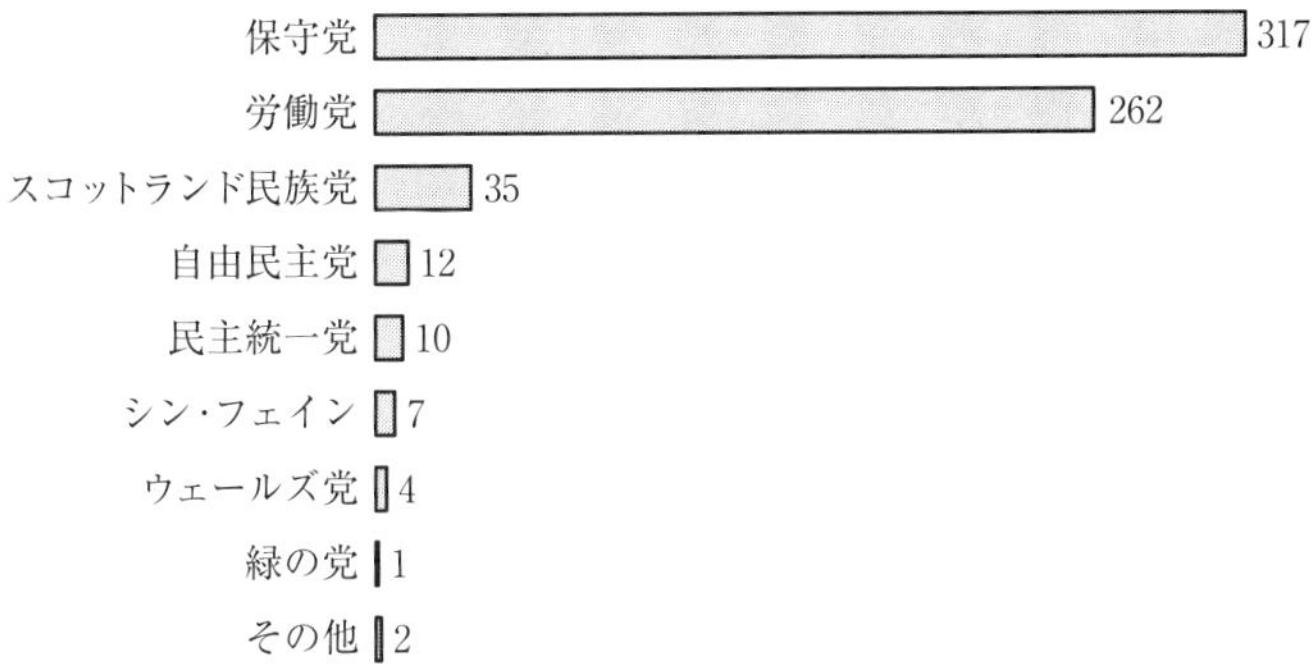

（出典：Vyara Apostolova *et al.*, "General Election 2017: results and analysis" (2nd ed.), Commons Library Briefing, CBP 7979, updated 3 Apr 2018, p. 3）

図表 2-4 2017年イギリス下院選挙結果（定数650議席）

ＥＵ将来関係協定の予備的協議に応じることを意味する。必要に応じて、ＥＵ離脱と将来関係協定を橋渡しする移行期間を定めることができる[29]。

「交渉の主要目的」は第一段階にあり、「不安定性を減らし、かつ、可能な限り、混乱を最小限にとどめるため、イギリスの秩序立った離脱を確保すること」が優先される[30]。この第一段階での目標は、次の二点とされた。

① 「市民、ビジネス、利害関係者および国際的パートナーに対し、イギリスのＥＵ離脱から直接生じる影響について可能な限り明確にし、かつ法的安定性を確保すること。」

② 「ＥＵより、また、イギリスが加盟国として引き受けているコミットメントより生じるすべての権利義務から、イギリスを切り離すこと[31]。」

第二段階への移行に関しては、欧州理事会が交渉の進展を注視し、十分な進展が達成された時点で予備的協議が開始され、「将来関係のための枠組みに関する全般的な了解」が定められる。[32] 英EU将来関係協定それ自体は、イギリスがEUを正式に離脱して第三国となってからはじめて最終合意し、締結することができる。

なお、EU交渉指針は、EUが双方の最善の利益となる結果を達成するべく努力する一方で、「かりに交渉が失敗に終わる場合にも、その状況に対応することができるよう備える」と述べて、[33] イギリスとの交渉が不調に終わる事態も想定していた。

(3) 離脱交渉で何が対象となったか

離脱協定の対象として挙げられた点は一〇項目あるが、主要項目は次のとおりである。

第一に最優先事項として、EU市民権の保全である。イギリスのEU離脱時に、イギリスに居住するEU市民および家族、また、EUに居住するイギリス国民および家族のEU法上の地位および権利を相互に保障することである。このような保障は、「五年間の継続的な合法的居住の後に永住権を獲得する権利を含めて、実効的で、遵守確保可能(enforceable)であり、差別が禁止され、かつ包括的でなければならない」。また、各人が「円滑かつ簡潔な行政手続により権利を行使することができるようにすべきである」とされた。[34]

第二に企業にとっての法的安定性の確保である。企業がイギリスのEU離脱に伴うビジネス上の「法的空白」状態を防ぎ、不安定性を極力抑えることが項目として含まれた(35)。

第三に「離脱清算金」である。すなわち、「単一の財政的解決」(a single financial settlement)として、二〇一四～二〇二〇年(七年間)多年度財政枠組み(36)に基づくイギリスのEU予算上のコミットメント、イギリス人のEU職員退職者を対象とする年金支払い、などから発生する支払い義務に基づく問題を解決することであった(37)。この時点においてEUでは、イギリスの離脱清算金は当初、約六〇〇億ユーロ(約七兆五〇〇〇億円)と見積もられていたが、その後一〇〇〇億ユーロ(約一二兆五〇〇〇億円)に上方修正された(38)。

第四に北アイルランドの陸地国境におけるハードな国境の回避である。EUが「北アイルランドの和平プロセスの業績、恩恵およびコミットメントを継続して支援し、保護すること」は極めて重要である。イギリスのEU離脱により、北アイルランド(イギリス領)とアイルランドの間にハードな国境が出現するのを回避するため、「柔軟かつ想像力ある解決策」が求められた(39)。

(4)　「英EU将来関係協定」の予備的協議

EU交渉指針では、英EU将来関係協定に関する予備的協議の対象となる事項が一部示された。それは、自由貿易協定、金融の安定、テロ・国際犯罪との闘い、安全保障、防衛・外交政策、紛争解決メカニズム、ジブラルタル問題の除外である。また、留意点として、次の六点が示された。

第一に、自由貿易協定という形を利用した「裏口」からの単一市場参加の否定である。EU交渉指針は次のように述べていた。

「単一市場の一体性を維持することは、セクター別アプローチに基づく参加を排除するものである。EU非加盟国は、加盟国と同一の義務に従って行動しないため、加盟国と同一の権利および利益を享受することができない[40]。」

「いかなる自由貿易協定も、バランスがとれており、野心的で、かつ、広範にわたるべきである。しかし、それが単一市場またはその一部への参加に等しいものとなることはできない。単一市場の一体性と適正な機能を損なうからである[41]。」

これらの点は、メイ首相が望む自動車や金融などのセクター別交渉を拒絶するものであった。イギリスが単一市場と関税同盟から離脱する一方で、包括的自由貿易協定によりEU加盟国と類似の利益を享受するようになることはあらかじめ否定された。このようにして、自由貿易協定という「裏口」からの単一市場への参加の可能性はないことが示された。

第二に、自由貿易協定における公平な競争条件の確保である。EU交渉指針は、英EU間の自由貿易協定について、次のような条件を示していた[42]。

「[自由貿易協定]は、とくに競争および国家援助に関して、公平な競争条件を確保するものでなければならず、また、この点で、とくに税制、社会政策、環境および規制に関する措置・慣行による不公正な競争上の優遇措置に対するセーフガードを含むものでなければならない[43]。」

これは、イギリスが規制撤廃や税率引き下げなど不公正な優遇措置によって、EUに対して有利な競争条件を作り上げることがないよう警告するものであった。

第三に、EUにおける金融安定である。EU交渉指針は次のように述べていた。

「いかなる将来関係枠組みも、EUにおける金融の安定を保護し、また、EUの規制・監督の体制および基準、ならびに、その適用を尊重すべきである。[44]」

これはフランスの要求によるものであったと言われている。EUはイギリスが競争上の有利な地位を求めて、自国の基準をEUより大幅に低下させるのではないかとおそれたのである。この条件が意味するところは、金融サービスに関するいかなる合意においてもイギリスが「ルールの受け手」となるよう要求されているということであり、規制撤廃競争を行うことは許されないというEUの立場を示すものであった。[45]

第四に、治安、安全保障なども英EU将来関係協定の予備的協議の対象とされた。EU交渉指針では次のように述べられていた。

「EUは、貿易に関連しない分野、とくに安全保障、防衛および外交政策に加え、テロリズムおよび国際犯罪との闘いにおけるパートナーシップを確立する用意がある。[46]」

第五に、紛争解決メカニズムである。英EU将来関係協定の対象として、「適切な遵守確保および紛争解決のメカニズム」が含まれていた。しかし、EUの自律性、とくにEUの政策決定手続に影響を及ぼさないという条件が付されていた。[47]

図表 2-5　ブレグジット交渉における主な対立点

交渉方針の対立点	イギリスの立場	EU の立場
離脱協定と将来関係協定の交渉	同時	順次
個別交渉の可能性	あり(分割統治)	なし(単一交渉チャンネル)
離脱清算金(離脱協定)	なし／最小限	600 億～1000 億ユーロ
セクター別交渉(自由貿易協定)	あり(自動車, 金融など)	なし(単一市場の一体性)
規制枠組み(自由貿易協定)	公正・開放的な貿易環境	公平な競争条件の確保／金融規制・監督の EU 基準の尊重

第六に、ジブラルタル問題の除外である。ジブラルタルは、一七一三年のユトレヒト条約によりスペインからイギリスに割譲され、イギリス領として現在まで存続している。イギリスのＥＵ離脱をめぐる国民投票では、ジブラルタルにおいてＥＵ残留派が九六％を占めた(48)。ジブラルタル問題の除外について、ＥＵ交渉指針は以下の点を明らかにした。

「イギリスがＥＵを離脱した後、スペインとイギリスの間に協定がなければ、ＥＵとイギリスの間のいかなる協定もジブラルタル領域に適用されることはできない(49)。」

これは、言い換えれば、イギリス離脱後のＥＵとジブラルタルの将来関係について、ＥＵがスペインに「拒否権」を与えたものと見なすことができた。スペインは、イギリスとの共同主権の主張を維持したまま、イギリス離脱後におけるジブラルタルの「特別の地位」について話し合う用意があると表明した(50)。

以上の点について、図表２－５を参照されたい。

図表 2-6　ブレグジット交渉に関する年表

年月日	出来事
2016. 6.23	イギリスの EU 離脱を問う国民投票，離脱賛成 51.9%
10. 2	メイ首相，保守党大会で，2017 年 3 月末までの離脱通告を表明
12.15	EU 非公式首脳会議，ブレグジット交渉の EU 内手続で合意
2017. 1.17	メイ首相，ランカスターハウス演説
2. 2	ブレグジット白書の公表
3.29	メイ首相，EU に離脱通告
4.29	欧州理事会特別会合，ブレグジット交渉指針を採択
6. 8	英下院総選挙
6.19	ブレグジット交渉第 1 ラウンド
7.20	ブレグジット交渉第 2 ラウンド
8.28～31	ブレグジット交渉第 3 ラウンド
9.22	メイ首相，フィレンツェ演説
9.25～28	ブレグジット交渉第 4 ラウンド
10. 9～12	ブレグジット交渉第 5 ラウンド
11. 9～10	ブレグジット交渉第 6 ラウンド
12. 8	英 EU 共同レポート公表，交渉第 1 段階から第 2 段階へ
12.15	欧州理事会がブレグジット交渉第 2 段階移行の指針を採択
2018.2.6～9	ブレグジット交渉第 7 ラウンド
2.28	EU が離脱協定草案を公表
3. 2	メイ首相，マンションハウス演説
3.19	英 EU が離脱協定修正草案に部分合意
3.23	欧州理事会が英 EU 将来関係枠組みに関する指針を採択
6.19	ブレグジット交渉の進展状況に関する英 EU 共同声明
6.26	イギリスの EU 離脱法成立
7. 6	メイ内閣，チェッカーズ・プランで合意
7. 9	デイヴィッド・デイヴィス離脱担当大臣が辞職，後任にドミニク・ラーブ氏
7.12	英 EU 将来関係白書の公表
9.19～20	ザルツブルクで EU 非公式首脳会議
11.25	欧州理事会特別会合，離脱協定草案と政治宣言草案を承認
12.13	欧州理事会特別会合，離脱協定と政治宣言を承認

（出典：House of Commons Library の Brexit 関連資料に基づき筆者作成）

(5)「離脱協定先行」アプローチの勝利

イギリスは主権回復を唱え、レッドラインを振りかざしたものの、政権内の不一致のためにメイ首相は指導力を発揮することができなかった。その結果、イギリスが想定する将来関係協定が具体的にどのようなものなのかを明確に示すことができなかった。イギリスが繰り返し将来関係協定を優先しようとしては失敗したのと対照的に、ＥＵ二七カ国はバルニエ首席交渉官を交渉窓口として一本化し、離脱に関わるＥＵ法令の豊富な情報と専門知識に基づいて、ＥＵ交渉指針のとおりに離脱協定を優先する段階的アプローチで離脱交渉を進めることに成功した。ブレグジット交渉の推移について図表２－６を参照されたい。

5　離脱通告は撤回可能か？

イギリスが離脱通告を行った後に、離脱協定が締結される前ならばそれを一方的に撤回することが可能かどうかということについては、不明確な部分が多く、解釈の余地が残されていた。ＥＵ基本条約の最終的な解釈権はＥＵ司法裁判所にある。

二〇一七年一二月一九日、イギリス議会、スコットランド議会および欧州議会の各議員からスコットランドの民事上級裁判所(the Court of Session)の上訴部(Inner House)に対し、EU条約第五〇条に基づくEU離脱通告を二年間の交渉期限の前に一方的に撤回することが可能かどうかを問う司法審査の申立がなされた。その問題の判断は「先決付託手続」という制度を通じてEU司法裁判所に委ねられた。EU司法裁判所は二〇一八年一二月一〇日、例外的に裁判官全員で構成される法廷(Full Court)において、加盟国が離脱通告を行った後に、離脱協定が発効しない限り、または、二年間の交渉期限(延長があった場合はそれを含む)が経過しない限り、国内の民主的な手続きに従い、一方的に離脱通告を撤回することができるという判断を示した。撤回がなされるならば、EU加盟国としての地位に変更は生じないことになる(51)。

メイ首相は離脱通告の撤回は行わないという政治的方針を維持したが、法的には一方的な撤回が可能であるということが示されたことになる(52)。

(1) 本章に関しては、庄司克宏「BREXIT「ソフト化」への攻防——英EU交渉のゆくえ」、『外交』第43巻、二〇一七年5・6月号(一二二〜一二七頁)も参照されたい。

(2) EU機能条約第二一八条三項により決定されることになっている。共通外交・安全保障政策に関わる場合はEU外務・安全保障政策上級代表が交渉責任者となるが、それ以外の政策分野が関わる場合はコミッションが交渉責任者となる。

(3) 庄司克宏著『新EU法 基礎篇』岩波書店、二〇一三年、三六六、三六七、三七二頁。

(4) 同右、三五六～三六〇頁参照。

(5) Cynthia Kroet, "May and Juncker have dinner, talk Brexit", *POLITICO*, 26 April 2017, available at 〈http://www.politico.eu/article/brexit-theresa-may-and-juncker-have-dinner-talk-europe-negotiation/〉, accessed 03/05/2017.

(6) Daniel Boffey, "How Juncker's Downing Street dinner turned sour", *The Guardian*, 1 May 2017, available at 〈https://www.theguardian.com/world/2017/may/01/how-junckers-downing-street-dinner-turned-sour〉, accessed 03/05/2017.

(7) "Brexit: Theresa May says she'll be 'bloody difficult' to Juncker", *BBC News*, 3 May 2017, available at 〈http://www.bbc.com/news/uk-politics-39784170〉, accessed 03/05/2017.

(8) European Union (Notification of Withdrawal) Act 2017, 16 March 2017, available at 〈http://www.legislation.gov.uk/ukpga/2017/9/pdfs/ukpga_20170009_en.pdf〉, accessed 04/04/2017.

(9) Prime Minister's letter to Donald Tusk triggering Article 50, 29 March 2017, available at 〈https://www.gov.uk/government/uploads/system/uploads/attachment_data/file/604079/Prime_Ministers_letter_to_European_Council_President_Donald_Tusk.pdf〉, accessed 04/04/2017.

(10) Remarks by President Donald Tusk following the UK notification, European Council, 29 March 2017, available at 〈https://www.consilium.europa.eu/en/press/press-releases/2017/03/29/tusk-remarks-uk-notification/〉, accessed 30/03/2017.

(11) The government's negotiating objectives for exiting the EU: PM speech, 17 January 2017, available at 〈https://www.gov.uk/government/speeches/the-governments-negotiating-objectives-for-exiting-the-eu-pm-speech〉, accessed 04/03/2017.

(12) The United Kingdom's exit from and new partnership with the European Union White Paper, 2 February 2017, p. 65, available at 〈https://www.gov.uk/government/publications/the-united-kingdoms-exit-from-and-new-partnership-with-the-european-union-white-paper〉, accessed 04/03/2017.

(13) The government's negotiating objectives for exiting the EU: PM speech, 17 January 2017, op. cit. *supra* note 11.

(14) The United Kingdom's exit from and new partnership with the European Union White Paper, op. cit. *supra* note 12.

(15) *Ibid.*

(16) Prime Minister's letter to Donald Tusk triggering Article 50, 29 March 2017, op. cit. *supra* note 9.

(17) *Ibid.*

(18) Dáithí Ó Ceallaigh (ed.), "Brexit: A Status Report", the Institute of International and European Affairs, January 2017, p. 18, available at 〈http://www.iiea.com/ftp/Publications/2016/StatusReport_V19.pdf〉, accessed 05/05/2017.

(19) Amy Sippitt, "Everything you might want to know about the UK's trade with the EU", *Full Fact*, 3 April 2017, available at 〈https://fullfact.org/europe/uk-eu-trade/〉, accessed 05/05/2017.

(20) Figure 6. Net contributions to the EU budget, by country, 2014 in *The budget of the European Union: a guide*, the Institute for Fiscal Studies, available at 〈https://www.ifs.org.uk/tools_and_resources/budget-european-union#big_picture〉, accessed 05/05/2017.

(21) Dáithí Ó Ceallaigh (ed.), op. cit. *supra* note 18, p. 18.

(22) *Ibid.*

(23) *Ibid.*

(24) Statement after the informal meeting of the 27 heads of state or government, 15 December 2016, ANNEX, available at ⟨https://www.consilium.europa.eu/media/24173/15-euco-statement.pdf⟩, accessed 04/05/2017.

(25) "EU adopting three-tier approach to Brexit, sources tell Sky News", *Sky News*, 24 November 2016, available at ⟨http://news.sky.com/story/eu-adopting-three-tier-approach-to-brexit-sources-tell-sky-news-10670578⟩, accessed 04/03/2017.

(26) European Council (Art. 50) guidelines following the United Kingdom's notification under Article 50 TEU, EUCO XT 20004/17, European Council, 29 April 2017, available at ⟨https://www.consilium.europa.eu/media/21763/29-euco-art50-guidelinesen.pdf⟩, accessed 03/05/2017.

(27) *Ibid.*, para. 2.

(28) Peter Foster, "EU Brexit guidelines: What's in the document, and what it really means", *The Telegraph*, 29 April 2017, available at ⟨http://www.telegraph.co.uk/news/2017/04/29/eu-brexit-guidelines-document-really-means/⟩, accessed 03/05/2017.

(29) European Council (Art. 50) guidelines, cited *supra* note 26, paras. 4–6.

(30) *Ibid.*, para. 4.

(31) *Ibid.*, para. 4.

(32) *Ibid.*, para. 5.

(33) *Ibid.*, p. 1.

(34) *Ibid.*, para. 8.

(35) *Ibid.*, para. 9.
(36) 庄司克宏著『新ＥＵ法　基礎篇』岩波書店、二〇一三年、一一二頁。
(37) European Council (Art. 50) guidelines, cited *supra* note 26, para. 10.
(38) Alex Barker, "Brussels hoists gross UK Brexit 'bill' to €100bn", *The Financial Times*, 3 May 2017.
(39) European Council (Art. 50) guidelines, cited *supra* note 26, para. 11.
(40) *Ibid.*, para. 1.
(41) *Ibid.*, para. 20.
(42) ＥＵ競争法（ＥＵ機能条約第一〇一条および第一〇二条）については、庄司克宏著『新ＥＵ法　政策篇』岩波書店、二〇一四年、二六一～三六一頁を、また、ＥＵにおける国家援助規制については、同書三四八～三四九頁を参照されたい。
(43) European Council (Art. 50) guidelines, cited *supra* note 26, para. 20.
(44) *Ibid.*, para. 21.
(45) Peter Foster, op. cit. *supra* note 28.
(46) European Council (Art. 50) guidelines, cited *supra* note 26, para. 22.
(47) *Ibid.*, para. 23.
(48) 「開票結果、まず英領ジブラルタルで判明　残留派九六％　英国民投票」、『日本経済新聞』（電子版）二〇一六年六月二四日。
(49) European Council (Art. 50) guidelines, cited *supra* note 26, para. 24.
(50) Sonya Dowsett, "Gibraltar chief warns Britain against disappointing 'the Rock'", *Reuters*, 28 April 2017, available at ⟨http://www.reuters.com/article/us-britain-gibraltar-interview-idUSKBN17U18M⟩, ac-

cessed 04/05/2017.
(51) Case C-621/18 *Wightman and Others*, Judgment of 10 December 2018, ECLI: EU: C: 2018: 999.
(52) 庄司克宏「Brexit の諸問題・20　ＥＵ離脱手続(ＥＵ条約第五〇条)と離脱通告撤回――ＥＵ司法裁判所の先決判決」、『貿易と関税』第67巻2号、二〇一九年(五二～五九頁)。

第3章
金融サービスをめぐるルールと対立
――相互承認と同等性

イギリスにとって、シティに代表される金融サービス分野でEU単一市場へのアクセスを確保することは死活的に重要なことであった。ブレグジットにより単一市場から離脱する一方で、その後の英EU将来関係協定の中でどのようにして単一市場へのアクセスを確保するかが、メイ首相にとって最大の課題の一つとなった。

そこでイギリスは、「カナダ・プラス・プラス・プラス」と呼ばれたモデル、すなわち、第一章で言及した「自由貿易協定プラスFTA＋」(カナダ・プラス・モデル)というオプションによって、EU単一市場における金融サービスの「単一パスポート」を確保しようとした。本章では、その試みがなぜ失敗したのかを明らかにし、その次善の代案として「同等性」制度に向かった経緯について説明する。

1　イギリスの対EU金融サービス

周知のとおり、金融サービス部門はイギリス経済の主要部分を占めており、重要な輸出部門となっている。イギリスの金融サービス貿易の規模は、EU平均の二倍、また、OECD平均の三倍である。イギリスの銀行および投資におけるサービスが輸出に占める割合をEUと他国に分けて比較するならば、二〇一四年において、対EU向け割合は四一%を占めるのに対し、対アメリカ向け割合が二五%、その他の諸国向け割合が三四%となっている(1)(図表3－1)。

これは、イギリスがEU加盟国として単一市場に参加しているため、「単一パスポート」を活用できることが大きな要因として働いている(2)。単一パスポートとは、簡単に言えば、EU内において A国の金融機関が同国における免許により、B国への直接の越境サービスまたは支店を通じたサービスを提供することが可能となる仕組みである(3)。EU域外の金融機関はロンドンに事業拠点を置くことにより単一パスポートを取得し、EU全域に金融サービスを提供している。日本の金融機関も、イギリスに現地法人を設立して免許を取得すれば、単一パスポートを利用することができる。単一パスポートはEU法に基づくため、イギリスがEUから離脱するならば、同国の金融機関は従来どおりに単一パスポートの恩恵に与ることはもはやできなくなる。なお、EUとともに「欧州経済領域」(EEA)を形成するノルウェー、アイスランドおよびリヒテンシュタインも、単一市場に参加しているため、それらの国の金融機関も単一パスポートを使用することがで

図表3-1 イギリスの銀行・投資サービスの輸出先とその割合(2014年)

	銀行・投資サービス
輸出額	492億ポンド
対EU向け	41%
対米向け	25%
他諸国向け	34%

(出典：Carl Emmerson, Paul Johnson and Ian Mitchell, *The EU Single Market: The Value of Membership versus Access to the UK*, The Institute for Fiscal Studies, 2016, p. 18)

きる。以下では便宜上、EU加盟国のみに言及することとする。

2　EU単一市場における「単一パスポート」の仕組み

単一パスポートは、EU単一市場における開業の権利（会社設立の自由など）およびサービス提供の自由[4]に基づき、EU内の金融機関が所在する「母国」（home country）により付与される免許、および、その母国が行う監督を通じて、EU全域で金融サービスを提供する権利を与えるものである。[5]なお、銀行の場合、ユーロ圏では欧州中央銀行（ECB）を中心とする「単一銀行監督機構」（SSM）[6]が原則として監督を行っている。

この単一パスポートは、第一にEU法による金融監督ルール（健全性（prudential）要件）の調和、および、第二に母国免許の「相互承認」[7]に基づいている。[8]EU加盟国（母国）の監督機関により付与される国内免許は、EUに加盟する「受入国」（host country）監督機関の許可を必要としないで、[9]母国から他の加盟国へ直接に金融サービスを越境提供すること、また、他の加盟国に設置される支店から金融サービスを提供することが可能となる。すなわち、他の加盟国で金融サービスを提供するために現地子会社を開設する必要がない。子会社の場合、受入国の免許と監督に服し、単独で資本要件を充たさなければならない。[10]

受入国の監督機関は、原則として、当該金融機関に対する母国免許、および、金融機関の資本構成、経営機関やリスク管理などの母国で適用される他の規制要件を改めて審査するようなことは許されない。要するに、たとえば、日本の金融機関でも現地法人を設立してイギリスで銀行免許を受けるならば、それが「単一パスポート」となって他の加盟国に銀行サービスを提供することができる。この点について、図表３－２を参照されたい。

他方、単一パスポートは、ＥＵ域外の第三国に設立された金融機関がそのまま利用することはできない。同様にして、イギリスはＥＵ離脱後、加盟国でなくなるため、同国の金融機関がこれまでと同じように単一パスポートを使って対ＥＵ向け金融サービスの提供を行うことは原則不可能となる。

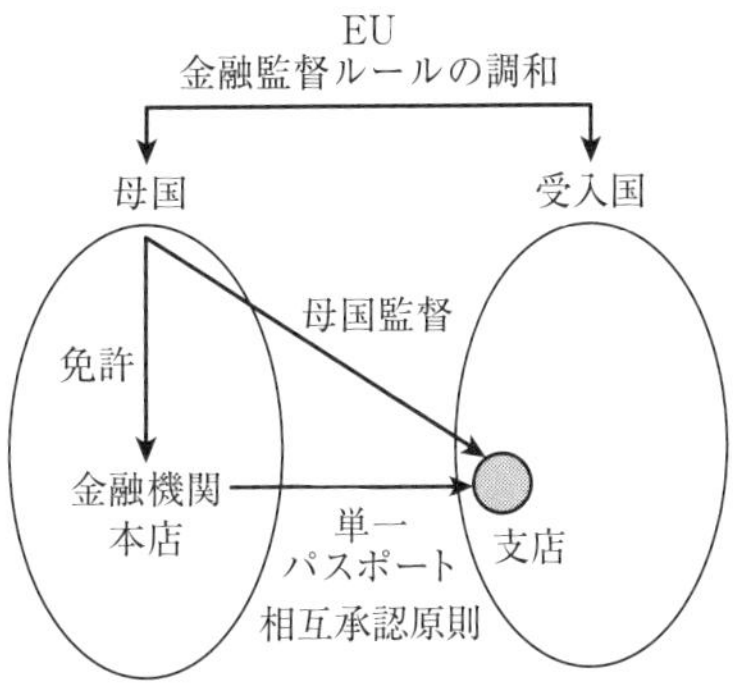

（出典：庄司克宏「欧州銀行同盟に関する法制度的考察」『法学研究』（慶應義塾大学）第 87 巻 6 号，2014 年（94～137 頁）96 頁，一部修正）

図表 3-2　母国監督原則（支店による金融サービス提供の場合）

3　金融サービスにおけるブレグジット・ディレンマ

ＥＵとのブレグジット交渉において、イギリスはディレンマに直面した。

すなわち、イギリスが単一金融市場への制約のないアクセスを失うならば、次のような問題を抱えることが予想された。(イ)イギリスを本拠とする金融機関および活動が引き続き単一パスポートから恩恵を得るためには、一部を欧州大陸に移転する必要に迫られる。また、(ロ)イギリスはもはや第三国の金融機関および金融商品がＥＵ内に参入するための主要な拠点として利用されないことになる。そして、(ハ)金融取引の当事者の間に入って債権・債務の取得・引受けを行い、自らが決済の相手方となることを業務とする清算機関による「ユーロ清算」(euro clearing)を、ＥＣＢやコミッションなどがユーロ圏に移転させようとすることに対して、イギリスはもはやＥＵ司法裁判所やＥＵ立法過程において異議申立をすることができなくなる。さらに、(ニ)イギリスは、たとえ単一金融市場への制約のないアクセスを維持することが合意されるとしても、ＥＵの金融規制に引き続き従わなければならないが、ＥＵを離脱した後にイギリスはＥＵでの政策形成と立法への参加権限を失う(11)。

他方、ＥＵは、ＥＵ加盟国でない第三国、たとえば日本の金融規制について「同等性」制度を有している。これがイギリスにとってブレグジット・ディレンマを克服するため、単一パスポートの代替策となるかが検討された。

4 日本を含む第三国金融規制の「同等性」

コミッションによれば、「一定の場合にEUは、EU非加盟国の規制または監督体制が、EUの当該体制と同等であることを承認することができる」[12]。コミッションが「同等性」制度により、第三国における規制・監督・遵守確保の体制がEUの当該体制と同等であると承認するならば、その承認に基づき、EU内の当局は通常、監督対象の金融機関が第三国の同等の法制を遵守していることに依拠することができるようになる[13]。その結果として、たとえば日本の金融規制・監督がEUとの「同等性」を承認されると、日本の金融機関は日本の金融規制・監督に従うことにより、EU域内に向けて金融サービスを提供することが可能となる。この点について図表3－3を参照されたい。

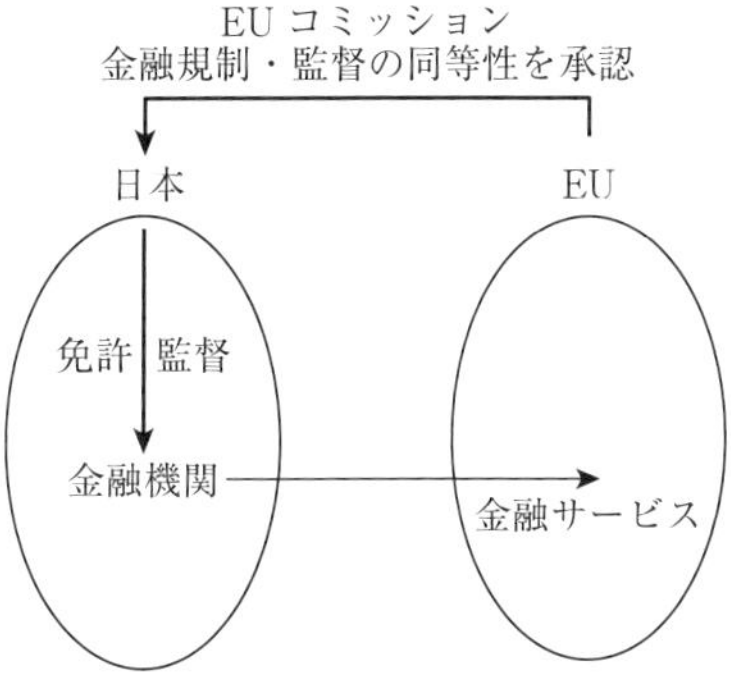

図表 3-3　「同等性」制度

EU域内では金融監督ルールが調和されているため「同等性」が存在し、それに基づき加盟国（母国）の免許が相互承認されることにより、単一パスポートとして機能する（図表3－2）。これに対し、「同等性」制度ではEUと第三国の間にそのような調和が存在しないため、コミッションは第三国の規制・監督にEUとの「同等性」がある場合にそれを一方的に承認することになる（図表3－3）。

第三国の金融規制・監督の「同等性」について定める規定は「同等性」条項と呼ばれ、EUの金融サービスに関する

図表 3-4　単一パスポートと「同等性」制度の比較

	単一パスポート	「同等性」制度
法的根拠	EU 基本条約と関連 EU 立法	関連 EU 立法
付与される権利	金融サービス提供の自由	関連規定に限定された範囲の金融サービスの提供
受益者	EU（および EEA）内に設立された金融機関	第三国に設立された金融機関（コミッションの評価に従う）
期間	永続的	取消可能

（出典：A. Margerit, M. Magnus and B. Mesnard, "Third-country equivalence in EU banking legislation", *Briefing*, PE 587.369, European Parliament, 2017, p. 2）

個々の法令（指令および規則）に置かれている。それらは必ずしも一様ではなく、規制対象分野の事情や必要性に応じて、法令ごとに条文化されている。「同等性」条項には、どのような場合に、いかなる基準に基づき、また、どの程度、EUが第三国の規制・監督法制を同等であると見なすことができるかについて定められている。(14)

そのため、EUの「同等性」制度は、各々のEU立法に明文規定がある場合に限り、第三国がコミッションに要請することができる。コミッションが「同等性」の評価を行い、承認する。「同等性」の規定は、各分野の個別の必要性に適合するようにされており、意味内容はEU立法ごとに異なる。広範な性格を有する単一パスポートとは違い、「断片的」である。(15)この点につき、図表3－4を参照されたい。

「同等性」を承認する決定は、期間の定めなく、または期間限定で、第三国の関連法制の全体または一部に適用されるが、個々の金融機関を直接に対象とするものではない。コミッションは、「同等性」を承認する決定を取り消すことも可能である。ただし、これまでにそのような事例はない。(16)「同等性」の決定が出るまでに要する時間は、おおよそ二～四年である。[17] 決定自体は技術的な性格のものである。しかし、「同等性」の承認に至るまでのプロセスは政治的であると言われている。[18] コミッション委員であったジョナサン・ヒル（Jonathan Hill）氏は、次のように語っている。

「同等性プロセスについてどのように考えるかということは、競争圧力と政治的現実により影響を受ける。……同等性を獲得することは、それゆえ、決して簡単なプロセスではない。[19]」

このような「同等性」制度は、ＥＵ離脱後のイギリスが単一パスポートの代用とするにはあまりにも不十分であると見なされている。フランスのある高官は、「同等性ルールは決してシティのために構想されたものではない」と語っている。[20] たとえば、スイスはいくつかの金融サービス分野でＥＵから「同等性」を付与されているが、多くのスイス企業はそれを活用するよりむしろ、ＥＵ加盟国内に拠点を設立することにより単一パスポートを取得し、そこから欧州ビジネスを行うことを選択している。[21]

5　「カナダ・プラス・プラス・プラス」による単一パスポートの追求

イギリスのメイ首相は、二〇一七年一月一七日のランカスターハウス演説において、イギリスのＥＵ離脱後に単一市場への参加ではなく、「新たな、包括的で大胆かつ野心的な自由貿易協定

写真 3–1　デイヴィス EU 離脱担当相(当時)
出典：David Davis, British Secretary of State for Exiting the European Union © European Union

を通じて、単一市場へのアクセスを可能な限り最大限追求する」ことを表明した[22]。この点についてメイ首相は、同年九月二二日のフィレンツェ演説において、ノルウェー、アイスランドおよびリヒテンシュタインがEUに加盟しないで単一市場に参加する「欧州経済領域」(EEA)、また、EUがカナダと締結した包括的経済貿易協定(the EU-Canada Comprehensive Economic and Trade Agreement: CETA)[23]という二つのモデル、すなわち、いわゆるノルウェー・モデルとカナダ・モデル(第一章)に言及し、そのどちらもイギリスにとって最良の選択肢ではないことを明らかにした[24]。その後メイ首相は、CETAよりもずっと野心的な「独自の協定」(a bespoke deal)をめざすと述べ[25]、デイヴィッド・デイヴィス(David Davis)EU離脱担当相はそれを「カナダ・プラス・プラス・プラス」(a "Canada plus plus plus" trade deal)と表現して、とくに金融サービス貿易を含むものであると説明した[26]。

これに対し、バルニエ首席交渉官は、二〇一八年一月九日の講演において、次の点を指摘した。イギリスが人の自由移動を終わらせることは単一市場から出ることであり、国際協定を交渉するための独立性を回復することは関税同盟から出ることを意味し、また、EU司法裁判所の管轄を認めないことは共通のルールの適用を保障しないことになるので、唯一可能なモデルは自由貿易

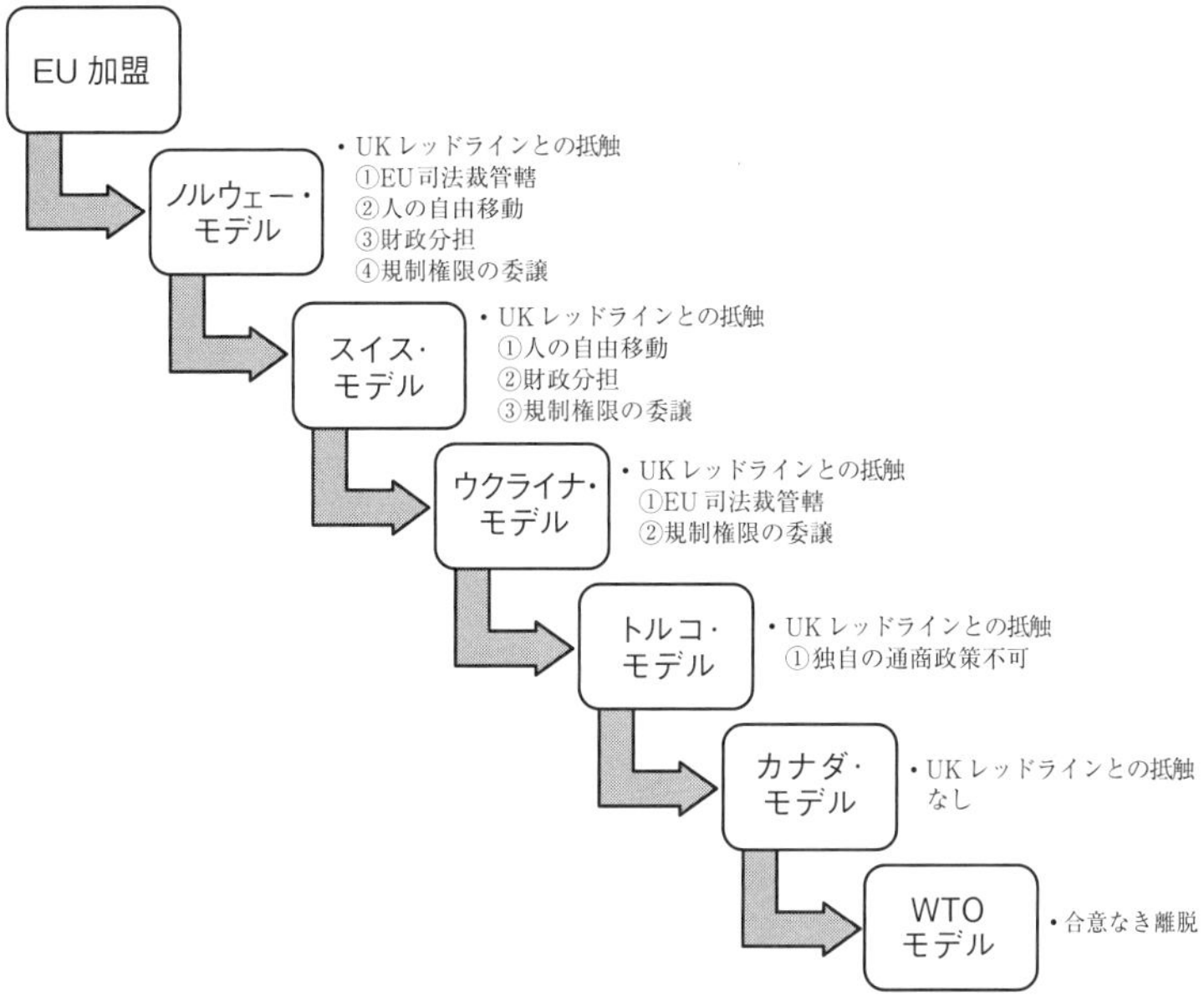

（出典：Slide presented by Michel Barnier, European Commission Chief Negotiator, to the Heads of State and Government at the European Council (Article 50) on 15 December 2017, TF50 (2017) 21, 19 December 2017 に依拠して筆者作成）

図表 3-5　英 EU 将来関係協定のモデルとイギリスのレッドライン

協定である。しかし、自由貿易協定は、どんなに野心的であるとしても、金融サービスをはじめとして単一市場と関税同盟の利益をすべて含むことはできない[27]。

また、英EU将来関係協定の貿易面についてさまざまなモデル[28]があることは従来から指摘されているところであるが、バルニエ首席交渉官は各モデルを比較し、イギリスのレッドラインを考慮するならば、結局、「カナダ・プラス・プラス・プラス」ではなく、カナダ・モデルに落ち着くことを示した[29]（図表3－5）。

6　カナダ・モデルとサービス分野

ＣＥＴＡには、第一章で述べたとおり、金融サービスでの単一パスポート制度[30]が含まれていない。カナダの金融機関はＥＵの第三国に対する「同等性」制度[31]の下でＥＵに越境サービスの取引を一定分野で行うことができるにとどまる。現在のところ、ＥＵは一六の金融サービス分野でカナダに対して同等性を承認している。また、金融安定を維持するために必要であるとみなす場合、一方的に市場アクセスを取り消す権利を認める「プルーデンシャル・カーブアウト」(a prudential carve-out) 条項が置かれている[32]。なお、ＣＥＴＡでは、カナダが自国の法規制をＥＵに整合させることは要求されておらず、双方の規制当局間で自発的協力を行う規定が定められているにとどまる[33]。

このようにＣＥＴＡでは、イギリス側のレッドライン(第一章)のどれも超えていないが、その一方で金融サービスをはじめとするサービス分野で自由化の範囲が極めて限定されている。このため、イギリスがＥＵとの交渉でめざした「カナダ・プラス・プラス・プラス」の「プラス・プラス・プラス」とは、その部分であることがわかる。これに対してＥＵは、イギリスに金融サービスの一定分野で「同等性」を承認することにとどめる方針を示した。ところで実は、ＣＥＴＡ

をはじめとしてEUが締結した自由貿易協定に「プラス・プラス・プラス」を妨げる要素が含まれている。それが、自由貿易協定間に適用される最恵国待遇条項である。

7　EUが締結した自由貿易協定の「最恵国待遇」
――CETAの場合

(1)　自由貿易協定間の最恵国待遇とCETA

WTOの「サービスの貿易に関する一般協定」(GATS)によれば(第五条一項)、締約国間で、相当な範囲の分野を対象とすること、および、実質的にすべての差別を撤廃することの二点を充足する貿易協定は、地域的経済統合協定と呼ばれる。それらの協定には相互に適用される最恵国待遇(Most-Favoured-Nation Treatment: MFN)条項、すなわち、より有利な規定が他の地域的経済統合協定にも自動的に適用されることを認める規定が含まれていることがある。CETAがその一例である。また、その他の例として、EU韓国自由貿易協定(二〇一〇年一〇月六日署名、二〇一一年七月一日暫定発効、二〇一五年一二月一三日完全発効)[34]、EUヴェトナム自由貿易協定(二〇一五年一二月二日署名、未発効)[35]、日本EU経済連携協定(二〇一八年七月一七日署名、二〇一九年二月一日発効)[36]などがある。

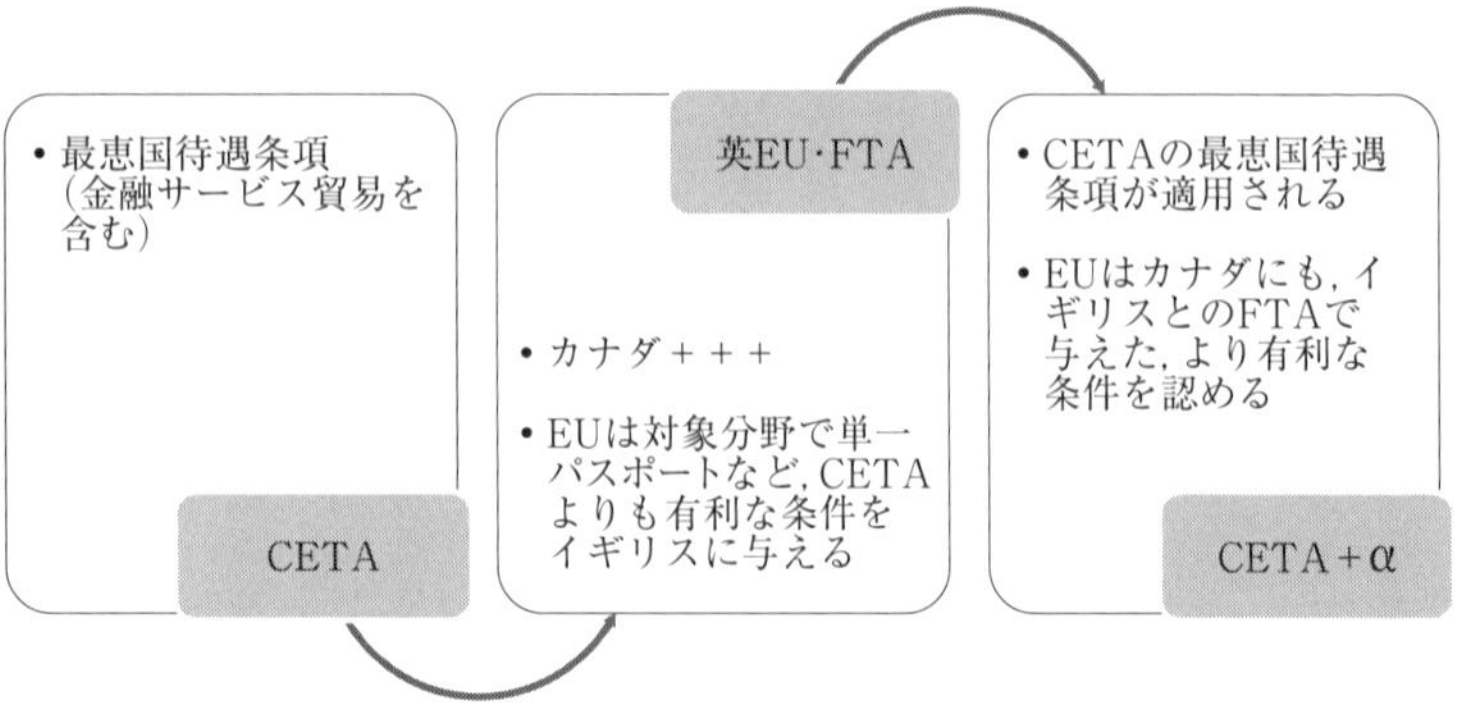

図表 3-6　EU カナダ包括的経済貿易協定（CETA）における最恵国待遇条項が意味すること

ＣＥＴＡに焦点を当てるならば、「各当事者は、他方の当事者のサービス提供者およびサービスに対し、同様の状況において第三国のサービス提供者及びサービスに与える待遇よりも不利でない待遇を与える」という最恵国待遇条項が金融サービスにも適用される。そのため、もしＥＵがイギリスとの間で、とくに単一パスポートを含む金融サービス貿易の高度な自由化などにより「カナダ・プラス・プラス・プラス」に合意すれば、それは最恵国待遇条項に基づいて自動的にカナダにも適用される。つまり、カナダに「ＣＥＴＡプラス」の状況が発生し、ＥＵはイギリスだけでなく、カナダにも何ら見返りなく、単一パスポートを認めることになってしまう。この点について、図表３－６を参照されたい。

(2)　ＣＥＴＡの最恵国待遇条項における一般的適用除外

しかし、こうした事態を想定して、CETAの最恵国待遇条項には一般的適用除外が定められている。これはEU韓国自由貿易協定、EUヴェトナム自由貿易協定、日本EU経済連携協定についてもほぼ同様である。CETA附属書Ⅱに含まれる「欧州連合に適用可能な留保」には、以下のとおり、最恵国待遇に対する例外として、EUが他国との協定によってカナダに「差別的な待遇を与える措置」をとる権利が留保されている。それは、次の三つの場合である。

(a)サービスおよび投資における域内市場を創設するもの
(b)開業の権利を付与するもの
(c)一またはそれ以上の経済部門における立法の接近を必要とするもの

(a)は「サービス、資本および人の自由移動が確保される、内部に国境のない地域」、(b)は「地域的経済統合協定」の効力発生により、締約当事者間で「開業に対するすべての障壁を実質的に撤廃する義務」を意味する。また、(c)の「立法の接近(approximation)」とは、「地域的経済統合協定」の締約当事者の立法を、他の締約当事者の「立法に整合させること(alignment)」、または、「地域的経済統合協定」の締約当事者の法に「共通の立法(common legislation)を組み入れること」を意味する。以上について、図表3-7を参照されたい。

上記の(a)および(b)の両方に当てはまる例としてノルウェー、アイスランド、リヒテンシユタインとの「欧州経済領域」(EEA)とEUスイス協定[37]が、また、(c)に当てはまる例として西バルカン諸国[38]との「安定化・連合協定」[39](Stabilisation and Association Agreement: SAA)が挙げられている。

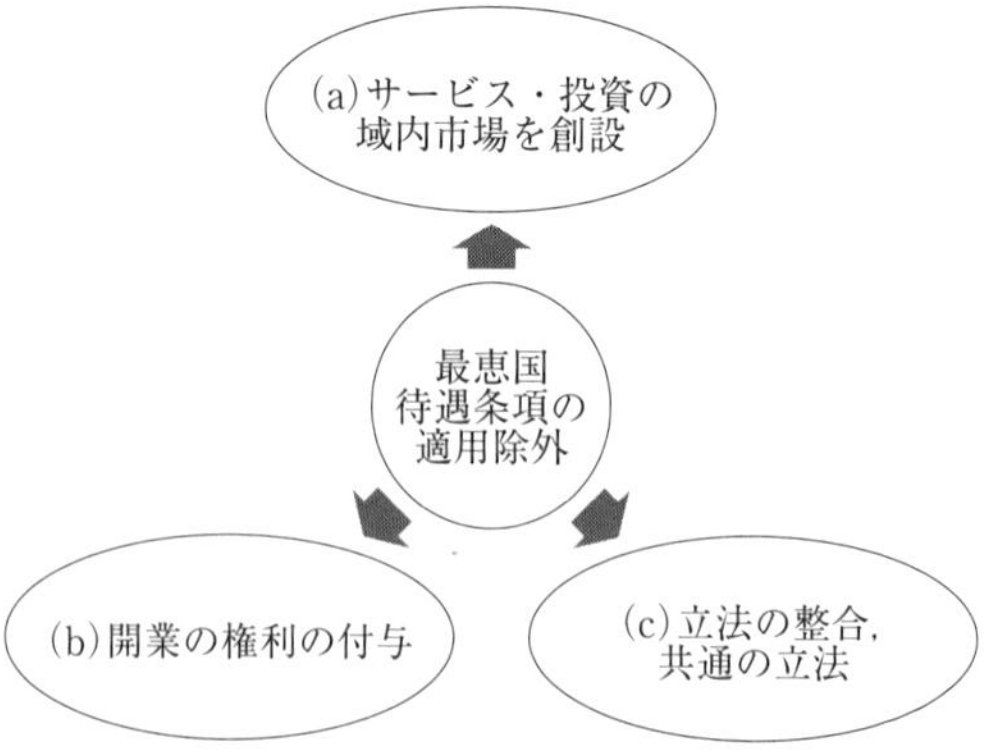

図表 3-7　CETA 最恵国待遇条項の一般的適用除外

それらの三つの場合の一つに該当すれば、英EU間で「カナダ・プラス・プラス・プラス」の自由貿易協定が締結されても、CETAなどにある最恵国待遇条項は適用されないことになる[40]。イギリスとEUの間でそのようなことが可能だろうか。第一に(a)の場合、実質的にEEAへの参加、すなわち、ノルウェー・モデルを意味する。しかし、「人の自由移動」が含まれるため、イギリスのレッドラインを超えることになる。第二に(b)の場合、それを通じてイギリスが金融サービスの単一パスポートを手に入れるならば、「いいとこ取り」は許さない(no cherry picking)とするEU側の交渉方針[41]に反するものとなる。

第三に(c)の「立法の接近」は、将来的にEU加盟が見込まれる国を対象に、それらの国がEU法令を受容することが想定されている。これは、EU離脱とは逆のプロセスを意味する。それにもかかわらず、イギリスが自国の立法をEUの立法に「整合させること」、または、イギリス

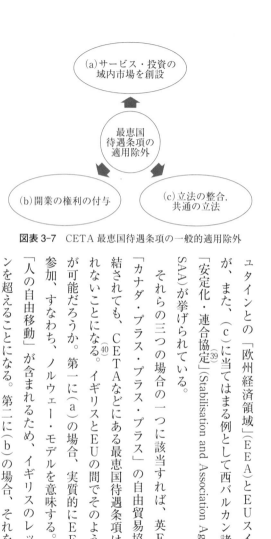

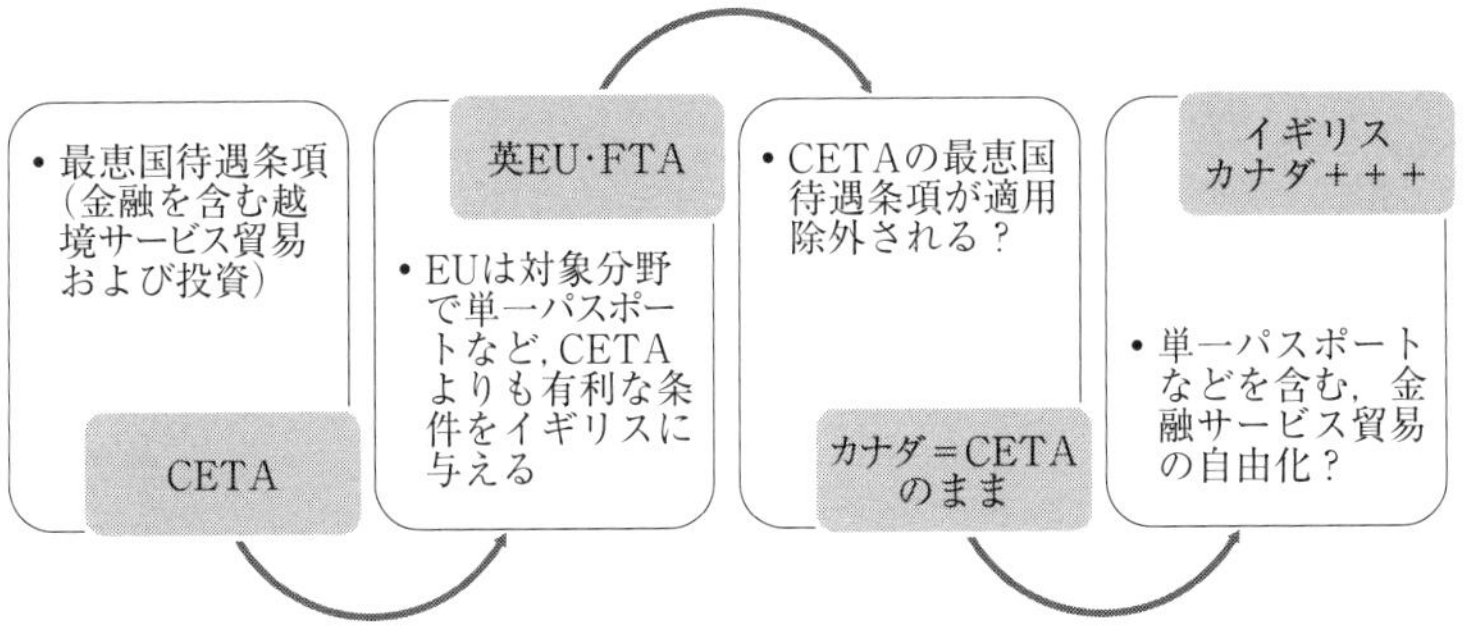

図表3-8　「カナダ・プラス・プラス・プラス」によるCETA最恵国待遇条項の一般的適用除外の可能性？

が「共通の立法」を受け容れることは可能である。しかし後者は、イギリスにとって、全面的ではないとしてもEU法の優越やEU司法裁判所の管轄を受け容れることを意味する可能性が高いため、そのままではイギリスのレッドラインを超えてしまう。他方、「立法の整合」については検討の余地がある。もしそれが成立するならば、イギリスはEUとの「カナダ・プラス・プラス・プラス」により単一パスポートを含む金融サービスの自由化を達成する道が開ける。この点について、図表3－8を参照されたい。

(3)　「カナダ・プラス・プラス・プラス」でのイギリスによる「立法の整合」？

二〇一八年三月二日、マンションハウスにおいて、メイ首相は「われわれの欧州連合との将来的経済パートナーシップ」に関する演説を行い[42]、EU法に基づく単一パスポートの維持をEU離脱後に求めないことを明らかにする一方、同一

写真3-2　ハモンド財務相　出典：Philip Hammond, Britain's Chancellor © European Union

の規制目標をＥＵとは異なる手段で達成する相互承認アプローチを採用することを提案した[43]。その対象分野に金融サービスが含まれている[44]。これによりイギリスは、「立法の整合」を達成し、「カナダ・プラス・プラス・プラス」を追求しようとしたのである。この点に関連して、フィリップ・ハモンド財務相は、三月七日の演説で金融サービスを念頭に置いて、次のように述べた。

「相互承認(mutual recognition)および相互間の規制面における同等性(reciprocal regulatory equivalence)の原則は、適切なガヴァナンス体制、紛争解決メカニズム、および、市場関係者に対する実際的な通告期間を伴って、客観的に評価されるならば、明らかに[英ＥＵ経済]パートナーシップのための実効的な基礎を提供するものとなろう[45]。」

しかし、ルール(規制)の相互承認制度は、ＥＵの単一市場で発展したアプローチであり、すべての加盟国の関連ルールを完全に統一する代わりに、ＥＵ司法裁判所の監督の下に安全、健康、環境、金融監督ルールなどについて不可欠な限度で各国法を調和すること(不可欠調和)にとどめ、それ以外の部分は各国ルールを相互承認して受け容れるというものである。しかし、メイ首相やハモンド財務相が提案する英ＥＵ間の相互承認制度では、ＥＵ司法裁判所の管轄およびＥＵ立法による不可欠調和は前提とされず、まったく分権的なシステムとなっている[46]。

このようなアプローチにより、イギリスは「立法の整合」を行って最恵国待遇条項の適用除外を受け、実質的に単一パスポートを維持しようとした。メイ首相はイギリスのレッドライン（第一章）を維持しつつ、金融サービスを含む単一市場に可能な限り近い形で「カナダ・プラス・プラス・プラス」の自由貿易協定を達成しようと目論んだ。メイ提案はイギリス国内では、保守党内のＥＵ懐疑派でも許容できる「最もソフトな形態のハードなＥＵ離脱」（the softest form of hard Brexit that Eurosceptics in her party could bear）であると評された[47]。しかしＥＵは、メイ提案に対して、「まったくの幻想」にすぎないと批判し、否定的な反応を示した[48]。その結果、「立法の整合」により単一パスポートを維持しようとする試みは水泡に帰した。

（4）二〇一八年三月二三日の欧州理事会交渉指針

二〇一八年三月二三日、ＥＵは欧州理事会交渉指針を新たに公表し[49]、英ＥＵ経済関係の中核として自由貿易協定（ＦＴＡ）を締結することに向けて交渉を開始する用意がある旨を表明した。ただし、そのようなＦＴＡにより、ＥＵがイギリスに対してＥＵ加盟と同一の恩恵を提供することはなく、イギリスが単一市場またはその一部に参加することは否定されている[50]。ＥＵ側が想定するＦＴＡとは、具体的に以下のような内容のものであった。

（1）物品貿易については、すべての部門を対象に関税と数量制限を撤廃すること。原産地規則を伴う。

（2）税関協力については、英ＥＵ間でそれぞれ規制面と司法面の自律性を維持すること。また、ＥＵ関税同盟の一体性を保全すること。

（3）貿易の技術的障害（ＴＢＴ）および衛生植物検疫措置（ＳＰＳ）に関しては、任意の規制協力枠組みを導入すること。

（4）サービス貿易については、相互承認制度ではなく、受入国（host state）ルールに基づきサービスを提供するための市場アクセスを認めることを目的とする。すなわち、「受入国コントロール」（host state control）[51]に基づく。サービス提供者の開業の権利に関するルールも含まれるが、イギリスが第三国となり、英ＥＵが共通の規制、監督、遵守確保（enforcement）および司法の枠組みをもはや共有しないことに相応する範囲に限定される。他方で、自然人の移動に関する高水準の規定や、専門職資格の承認枠組みを含む。

（5）他の関連分野として、公共調達市場へのアクセス、投資、地理的表示を含む知的財産権の保護、また、航空運輸協定および航空安全協定の締結や、研究・技術革新、教育・文化などのＥＵプログラムにイギリスが第三国として参加すること[52]。

以上の点を考慮するならば、ＥＵが想定するイギリスとのＦＴＡは、ほぼカナダ・モデル（Ｃ

ETA並みの自由貿易協定)を踏襲するものと言うことができる。すなわち、先述したメイ提案はほとんど受け容れられていない。[53] とくに金融をはじめとするサービス分野では、イギリスは「母国コントロール」(home state control)を基本とする相互承認原則を主張していたのに対して、EU側は「受入国コントロール」に基づくこととした。前者の場合、イギリス企業は原則として同国の免許や規制に基づいてEUでサービスを提供することができる。しかし後者の場合、イギリス企業はEU内の免許や規制に基づいてEUでサービスを提供することが要求される。

このようにして、イギリスが「立法の整合」に基づく適用除外により「カナダ・プラス・プラス・プラス」を達成し、単一市場に「裏口」からアクセスして単一パスポートを手に入れようとする目論見は外れる結果となった。

8　「同等性」制度の選択

結局、イギリスはEUから離脱するならば、これまで単一市場で享受してきた単一パスポートを諦めるしかないこと、また、せいぜいEUが主導権を握る「同等性」制度で個別に対応するしかないことが明らかとなった。イギリスがEUとの間に「カナダ・プラス・プラス・プラス」を実現するためには、最恵国待遇条項のカナダなどへの適用を回避するため、一般的適用除外を受けるしかない。しかし、そのためには結局、ＥＥＡのように人の自由移動を含む形の協定、すなわち、ノルウェー・モデルに行き着くしかないことを意味した。それは、イギリスのレッドラインを越えることになる。

イギリスは、二〇一八年七月六日チェッカーズにおけるイギリス政府声明[54]（以下、チェッカーズ声明）および七月一二日の「イギリスおよび欧州連合の間における将来関係」と題する白書（以下、英ＥＵ将来関係白書[55]）において、ＥＵとの間で「相互の市場に対する現行レベルのアクセスがなくなる」ことを前提として、「規制上の柔軟性を備えた」新たなサービス取り決めを提案するとしている[56]。とくにイギリスにとって死活的に重要な金融サービスでは、金融規制・監督においてルールの調和やＥＵ司法裁判所の管轄に基づかない分権的な相互承認に基づく方式の提案を取り下げた。その一方で、ＥＵ側が自律的に第三国規制のＥＵ規制との「同等性」を承認する制度[57]の適用範囲を拡張すること、また、既存の制度の下で「互恵的な同等性承認」(reciprocal recognition of equivalence)を行うことを提案した[58]。その際、金融規制の「同等性」に関する決定を英ＥＵそれぞれの自律的な事項であるとしつつも、第一に金融に関する英ＥＵ関係のガヴァナンスにおける共通原則、第二に金融の監督協力および規制対話、および、第三に予測可能で、透明性を有し、かつ、強固なプロセス、という三点を備えた取り決めが必要であると主張した[59]。

その一例として、第三の点では「撤回プロセスの構造化」が提案され、金融安定などに対するリスクを回避するための「既得権に対するセーフガード」を導入すべきであるとされた[60]。これは、

ＥＵが「同等性」の承認を取り消すことにより、イギリスのＥＵ金融サービス市場へのアクセスが容易に撤回されるのを防止するためであった[61]。

　このような形でイギリスは、従来の単一パスポート制度をもはや求めないことを明らかにした[62]。ハモンド財務相は、これについて、「相互承認未満、同等性制度以上」と形容した[63]。しかしＥＵ側は、イギリスの「高度化された同等性モデル[64]」の提案全体について、基本的に懐疑的であった[65]。なぜならば、イギリスの主張する「同等性」には、可能な限り単一パスポートに近づけようとする意図があったからである。バルニエ首席交渉官は、「同等性の決定を与えるときだけでなく、そのような決定を撤回するときにも」必要である、との認識を示した[66]。

（1）　Carl Emmerson, Paul Johnson and Ian Mitchell, “The EU Single Market: The Value of Membership versus Access to the UK”, The Institute for Fiscal Studies, 2016, pp. 16–18, available at 〈https://www.ifs.org.uk/uploads/publications/comms/R119%20-%20The%20EU%20Single%20market%20-%20Final.pdf#page=23〉, accessed 12/11/2017.

（2）　John Armour, “Brexit and Financial Services”, *Oxford Review of Economic Policy*, Vol. 33, No. 1, 2017, pp. 54–69 at 157.

（3）　“Brexit: Financial Services”, HL Paper 81, House of Lords European Union Committee, 2016, pp.

9-14, available at 〈https://publications.parliament.uk/pa/ld201617/ldselect/ldeucom/81/81.pdf〉, accessed 2/11/2017.

（4） 庄司克宏著『新ＥＵ法　政策篇』岩波書店、二〇一四年、一一二～一三九頁。

（5） 金融サービスの部門に応じてさまざまな単一パスポートが存在する。Vincenzo Scarpetta and Stephen Booth, “How to ensure UK and European financial services continue to thrive after Brexit”, Report 10/2016, pp. 16-30, Open Europe, available at 〈https://openeurope.org.uk/wp-content/uploads/2016/10/0627_Digital_Pages-Open_Europe_Intel-Thriving_after_Brexit-V1.pdf〉, accessed 10/12/2017.

（6） これは、二〇一三年一〇月一五日採択された「信用機関のプルーデンシャル監督に係る政策に関する特定の任務を欧州中央銀行に付与する理事会規則」（ＳＳＭ規則）に基づく。ＳＳＭ規則については、Regulation 1024/2013 conferring specific tasks on the European Central Bank concerning policies relating to the prudential supervision of credit institutions [2013] OJ L 287, p. 63 を参照されたい。

（7） 庄司克宏編『ＥＵ法　実務篇』岩波書店、二〇〇八年、一一～一六頁。

（8） Niamh Moloney, “Financial Services, the EU, and Brexit: An Uncertain Future for the City?”, *German Law Journal*, Vol. 17, Brexit Supplement, 2016, pp. 75-81 at 77, available at 〈https://static1.squarespace.com/static/56330ad3e4b0733dcc0c8495/t/5776e5db579fb3bc18d93e3a/1467409883499/14+PDF_Vol_17_Brexit+_Moloney.pdf〉, accessed 12/11/2017.

（9） Matthias Lehmann and Dirk Zetzsche, “Brexit and the Consequences for Commercial and Financial Relations between the EU and the UK”, *European Business Law Review*, Vol. 27, No. 7, 2016, pp. 999-1027 at 1016, 1017.

（10） A. Margerit, M. Magnus and B. Mesnard, “Third-country equivalence in EU banking legislation”,

BRIEFING, PE 587.369, 2017, p. 1, available at 〈http://www.europarl.europa.eu/RegData/etudes/BRIE/2016/587369/IPOL_BRI(2016)587369_EN.pdf〉, accessed 12/11/2017.

(11) Lucia Quaglia, "European Union Financial Regulation, Banking Union, Capital Markets Union and the UK", SPERI Paper No. 38, 2017, p. 14, available at 〈http://speri.dept.shef.ac.uk/wp-content/uploads/2017/01/SPERI-Paper-38-EU-Financial-Regulation-Banking-Union-Capital-Markets-Union-and-the-UK.pdf〉, accessed 6/12/2017.

(12) European Commission, "Recognition of non-EU financial frameworks (equivalence decisions)", available at 〈https://ec.europa.eu/info/business-economy-euro/banking-and-finance/international-relations/recognition-non-eu-financial-frameworks-equivalence-decisions_en〉, accessed 11/1/2018.

(13) European Commission, *EU equivalence decisions in financial services policy: an assessment* (Commission staff working document), SWD (2017) 102 final. 27.02.2017, p. 5, 13.

(14) Marcin Szczepański, "Understanding equivalence and the single passport in financial services: Third-country access to the single market", *Briefing*, European Parliament, February 2017, p. 2, available at 〈http://www.europarl.europa.eu/RegData/etudes/BRIE/2017/599267/EPRS_BRI(2017)599267_EN.pdf〉, accessed 11/1/2018.

(15) A. Margerit, M. Magnus and B. Mesnard, op. cit. *supra* note 10, p. 2.

(16) Marcin Szczepański, op. cit. *supra* note 14, p. 2.

(17) Stephen Booth and Vincenzo Scarpetta, "How the UK's financial services sector can continue thriving after Brexit", *Report* 10/2016, Open Europe, 2016, p. 34, available at 〈http://2ihmoy1d3v7630ar9h2rsglp.wpengine.netdna-cdn.com/wp-content/uploads/2016/10/0627_Digital_Pages-Open_Europe_Intel

-Thriving_after_Brexit-V1.pdf?emailid=577bc2bcc0350c0300f8b09d&ftcamp=crm/email//nbe/Brexit/product〉, accessed 11/1/2018.

(18) Marcin Szczepański, op. cit. *supra* note 14, p. 3.

(19) Saima Hanif, "Equivalence: panacea or Pandora's box?", *Butterworth Journal of International Banking and Financial Law*, November 2016, p. 568, available at 〈http://www.39essex.com/content/wp-content/uploads/2016/10/SH-Article.pdf〉, accessed 12/1/2018.

(20) Alex Barker and Jim Brunsden, "EU reconsiders financial market access rules", *The Financial Times*, 7 November 2016, available at 〈https://www.ft.com/content/838d084c-a19d-11e6-86d5-4e36b35c3550〉, accessed 11/1/2018.

(21) "Brexit and financial services", Institute for Government, October 18, 2017, available at 〈https://www.instituteforgovernment.org.uk/explainers/brexit-and-financial-services〉, accessed 05/01/2018.

(22) The government's negotiating objectives for exiting the EU: PM speech, 17 January 2017, available at 〈https://www.gov.uk/government/speeches/the-governments-negotiating-objectives-for-exiting-the-eu-pm-speech〉, accessed 04/02/2018.

(23) European Commission, *CETA chapter by chapter*, 16 December 2016 (last update), available at 〈http://ec.europa.eu/trade/policy/in-focus/ceta/ceta-chapter-by-chapter/〉, accessed 05/02/2018.

(24) PM's Florence speech: a new era of cooperation and partnership between the UK and the EU, 22 September 2017, available at 〈https://www.gov.uk/government/speeches/pms-florence-speech-a-new-era-of-cooperation-and-partnership-between-the-uk-and-the-eu〉, accessed 04/02/2018.

(25) Paul Dallison, "UK wants bespoke Brexit deal with EU", *POLITICO*, 19 December 2017, available

at ⟨https://www.politico.eu/article/uk-wants-bespoke-brexit-deal-with-eu/⟩, accessed 04/02/2018.

(26) "Brexit: David Davis wants 'Canada plus plus plus' trade deal", *BBC News*, 10 December 2017, available at ⟨http://www.bbc.com/news/uk-politics-42298971⟩, accessed 04/02/2018.

(27) Speech by Michel Barnier at the Trends Manager of the Year 2017 event, Brussels, 9 January 2018, available at ⟨http://europa.eu/rapid/press-release_SPEECH-18-85_en.pdf⟩, accessed 04/02/2018.

(28) Alternatives to membership: possible models for the United Kingdom outside the European Union, UK Government, 2016, available at ⟨https://www.gov.uk/government/uploads/system/uploads/attachment_data/file/504604/Alternatives_to_membership_-_possible_models_for_the_UK_outside_the_EU.pdf⟩, accessed 05/02/2018.

(29) Slide presented by Michel Barnier, European Commission Chief Negotiator, to the Heads of State and Government at the European Council (Article 50) on 15 December 2017, TF50 (2017) 21, 19 December 2017, available at ⟨https://ec.europa.eu/commission/sites/beta-political/files/slide_presented_by_barnier_at_euco_15-12-2017.pdf⟩, accessed 04/02/2018.

(30) 庄司克宏「Brexitの諸問題・9　イギリスのＥＵ離脱後におけるＥＵ単一市場と金融サービス貿易——単一パスポートのゆくえ（１）」、『貿易と関税』第66巻1号、二〇一八年（四八〜五五頁）。

(31) 庄司克宏「Brexitの諸問題・10　イギリスのＥＵ離脱後におけるＥＵ単一市場と金融サービス貿易——単一パスポートのゆくえ（２）」、『貿易と関税』第66巻2号、二〇一八年（二〜一一頁）。

(32) 第一章注（14）を参照されたい。

(33) Joe Owen, Alex Stojanovic and Jill Rutter, "Trade after Brexit: Options for the UK's relationship with the EU", Institute for Government, 18 December 2017, pp. 11–17, available at ⟨https://www.insti

tuteforgovernment.org.uk/sites/default/files/publications/IFGJ5896-Brexit-Report-171214-final_0.pdf〉, accessed 04/02/2018.

（34） Free trade agreement between the European Union and its Member States, of the one part, and the Republic of Korea, of the other part [2011] Official Journal of the European Union L 127/6. これについては、尾池厚之・長渕憲二「韓国ＦＴＡ政策と韓国ＥＵ・ＦＴＡの概要（１）（２）」、『貿易と関税』第58巻6号、二〇一〇年（二三～三二頁）、同7号、二〇一〇年（三五～四七頁）を参照されたい。

（35） European Commission, *EU-Vietnam Free Trade Agreement: Agreed text as of January 2016*, available at 〈http://trade.ec.europa.eu/doclib/press/index.cfm?id=1437〉, accessed 05/02/2018.

（36） European Commission, *EU-Japan Economic Partnership Agreement: texts of the agreement*, 8 December 2017, available at 〈https://trade.ec.europa.eu/doclib/press/index.cfm?id=1684〉, accessed 05/02/2018. 日ＥＵ経済連携協定に関連して、長部重康編著『日・ＥＵ経済連携協定が意味するものは何か――新たなメガＦＴＡへの挑戦と課題』ミネルヴァ書房、二〇一六年、また、庄司克宏「日ＥＵ経済連携協定における相互承認原則の比較法的考察」、『法学紀要』（日本大学）第53号、二〇一二年（一八九～二一四頁）を参照されたい。

（37） *Bilateral agreements Switzerland–EU*, 2009, available at 〈http://www.europarl.europa.eu/meetdocs/2009_2014/documents/deea/dv/2203_07/2203_07en.pdf〉, accessed 12/02/2018.

（38） マケドニア、ボスニア・ヘルツェゴビナ、アルバニア、セルビア、モンテネグロ。

（39） 西バルカン諸国（マケドニア、アルバニアなど五カ国）に対して、経済・政治・人権などの諸改革、財政的・技術的支援、全面的あるいは部分的な貿易自由化を含む、ＥＵ加盟への準備段階として締結された。

（40） “MFN: OMG or NP?”, CMS LAW-NOW, 17 November 2017, available at 〈http://law-now.com/eal

erts/2017/11/17-nov-mfn-omg-or-np〉, accessed 6/2/2018.

(41) Nina Werkhäuser, "Opinion: No cherry picking for Britain", *Deutsche Welle*, 27 April 2017, available at 〈http://www.dw.com/en/opinion-no-cherry-picking-for-britain/a-38614288〉, accessed 12/02/2018.

(42) Prime Minister Theresa May's speech on our future economic partnership with the European Union, 2 March 2018, available at 〈https://www.gov.uk/government/speeches/pm-speech-on-our-future-economic-partnership-with-the-european-union〉, accessed 09/03/2018.

(43) Joe Owen, Alex Stojanovic and Jill Rutter, op. cit. *supra* note 33, pp. 36–40.

(44) *Ibid.*

(45) The Chancellor of the Exchequer, Philip Hammond's speech on financial services at HSBC, 7 March 2018, available at 〈https://www.gov.uk/government/speeches/chancellors-hsbc-speech-financial-services〉, accessed 12/03/2018.

(46) ＥＵ単一市場における相互承認アプローチについては、庄司克宏著『新ＥＵ法　政策篇』、前掲注(4)、四二～一五三頁を参照されたい。また、メイ提案にあるような分権的な相互承認アプローチについては、庄司克宏「「トランス・タスマン相互承認取り決め」の法的性格」、『法学研究』(慶應義塾大学)第84巻1号、二〇一一年、一二九～一五二頁を参照されたい。

(47) George Parker and Alex Barker, "May Brexit speech keeps government intact but faces frosty EU response", *The Financial Times*, 3 March 2018, available at 〈https://www.ft.com/content/abbd4e22-1e2d-11e8-956a-43db76e69936〉, accessed 12/03/2018.

(48) Mehreen Khan, "Tusk dismisses UK Brexit plan as 'pure illusion'", *The Financial Times*, 24 February 2018, available at 〈https://www.ft.com/content/dd2aa0d4-18c6-11e8-9376-4a6390addb44〉, accessed

12/03/2018.

(49) European Council (Art. 50) guidelines on the framework for the future EU-UK relationship, 23 March 2018, EUCO XT 20001/18.

(50) *Ibid.*

(51) 庄司克宏著『新ＥＵ法　政策篇』、前掲注（４）、四二一～一五三頁参照。

(52) European Council guidelines, cited *supra* note 49.

(53) 庄司克宏著『新ＥＵ法　政策篇』、前掲注（４）、四二一～一五三頁参照。

(54) Statement from HM Government, Chequers, 6 July 2018, available at 〈https://assets.publishing.service.gov.uk/government/uploads/system/uploads/attachment_data/file/723460/CHEQUERS_STATEMENT_-_FINAL.PDF〉, accessed 09/07/2018.

(55) The future relationship between the United Kingdom and the European Union, Department for Exiting the European Union, UK, 12 July 2018, available at 〈https://assets.publishing.service.gov.uk/government/uploads/system/uploads/attachment_data/file/724982/The_future_relationship_between_the_United_Kingdom_and_the_European_Union_WEB_VERSION.pdf〉, accessed 13/07/2018.

(56) *Ibid.*, para. 48.

(57) 「同等性」制度については、庄司克宏「Brexit の諸問題・10　イギリスのＥＵ離脱後におけるＥＵ単一市場と金融サービス貿易（２）」、前掲注（31）を参照されたい。

(58) The future relationship between the United Kingdom and the European Union, cited *supra* note 55, paras. 65, 66.

(59) *Ibid.*, paras. 67-70.

(60) *Ibid.*, para. 70.

(61) Jim Brunsden, "Brussels rejects UK's financial services Brexit plan", *The Financial Times*, July 23, 2018, available at 〈https://www.ft.com/content/0df20cc6-8c43-11e8-b18d-0181731a0340〉, accessed 24/07/2018.

(62) *Ibid.*

(63) Philip Hammond, "A new approach for UK financial services after Brexit", *The Financial Times*, 13 July 2018, available at 〈https://www.ft.com/content/d2c3d494-85c2-11e8-9199-c2a4754b5a0e〉, accessed 13/07/2018.

(64) Jim Brunsden, op. cit. *supra* note 61.

(65) また、ＥＵがイギリスの「高度化された同等性モデル」案を受け容れるならば、ＥＵが締結したカナダなどとの自由貿易協定（ＦＴＡ）にある「最恵国待遇条項」が発動されて、カナダなどの国々にも「無償」で適用される可能性もある。この点については、庄司克宏「Brexitの諸問題・11」『貿易と関税』第66巻3号、二〇一八年（二五〜三五頁）、および、同「Brexitの諸問題・12　英ＥＵ将来取り決めの展望」『貿易と関税』第66巻4号、二〇一八年（五三〜六一頁）を参照されたい。

(66) Statement by Michel Barnier at the press conference following his meeting with Dominic Raab, UK Secretary of State for Exiting the EU, Brussels, 26 July 2018, available at 〈http://europa.eu/rapid/press-release_SPEECH-18-4704_en.htm〉, accessed 29/07/2018.

第4章

北アイルランド国境問題をめぐるルールと対立

――ハードな国境の回避とトリレンマ

北アイルランドでどのようにしてハードな国境を回避するかという問題の解決は、ブレグジット交渉において英EU双方が交渉目標としていたことであった。しかし、この問題は離脱協定と将来関係協定の両方にまたがるものであったため、その達成方法に関して、英EU間に対立が生じた。イギリス国内政治も絡んで、EUの関税同盟と単一市場(物・人・サービス・資本の自由移動)から離脱することを大前提とするイギリス政府は、北アイルランドの扱いをめぐってトリレンマ状態に陥った。北アイルランド国境問題の解決がブレグジット交渉の成否を左右し、最後まで障害となった。さらに、英EU間の合意に至った後でさえ、その承認をめぐってイギリス国内政治の対立と混迷を引き起こすものとなったのである(1)。その一方で、次章で述べるとおり、この北アイルランド国境問題を通じて、イギリスがEUと結びつくというブレグジット・パラドクスが存在する。

1 北アイルランド国境問題とは何か

一九九八年四月一〇日の「ベルファスト和平合意」[2]により、カトリック系とプロテスタント系の住民が激しく対立し、約三〇年間に三〇〇〇人以上の犠牲者を出した北アイルランド紛争に終止符が打たれた。イギリスとアイルランドのEU加盟も北アイルランド和平の達成を後押しするものであった。そのため、イギリスのEU離脱に関するブレグジット交渉において、北アイルランドの陸地国境におけるハードな国境の回避という問題(以下、北アイルランド国境問題)が主要項目の一つとされ、この点の交渉が最後まで難航した。

写真 4-1 北アイルランドとアイルランドを結ぶ幹線道路．道路脇にはかつての検問所跡とみられる建物が残されていた　提供＝朝日新聞社

一般に国境では、人に対する国境検問および物品に対する税関検査などが行われる。EU加盟国どうしの間では、関税同盟に基づく関税撤廃により税関検査がないこと、単一市場に含まれる物の自由移動により国境での規制チェックがないことに加え、いわゆる「シェンゲン協定」により人に対する域内国境検問も原則廃止されている。

イギリスとアイルランドは「シェンゲン協定」には参加していないが、人の自由移動の枠組みとして「共通往来地域」(the Common Travel Area)が両国のEU加盟前から存在し[3]、これがブレグジット後も維持されることになっている。それにより、人の移動でハードな国境は回避される。

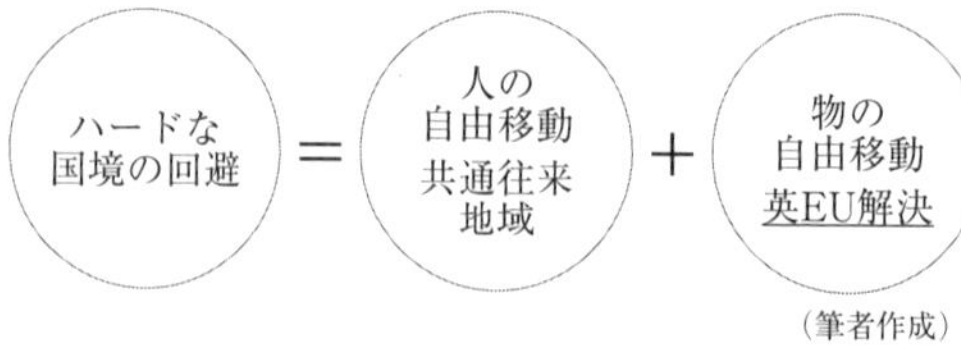

（筆者作成）

図表4-1　アイルランド（EU加盟国）と北アイルランド（イギリス領）の間でのハードな国境の回避——英EU解決

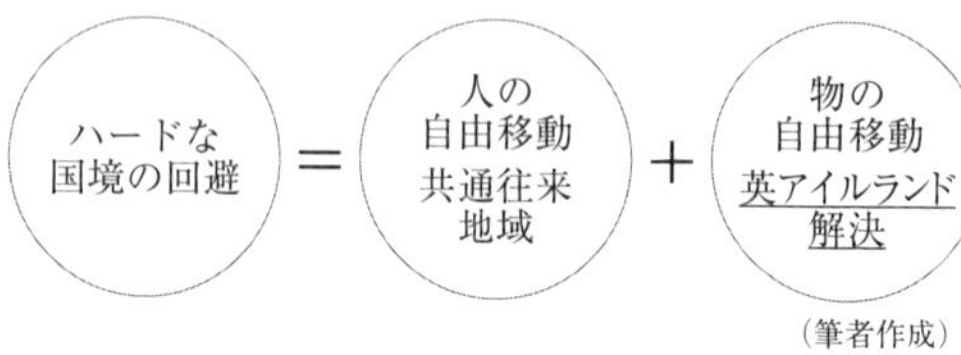

（筆者作成）

図表4-2　アイルランド（EU加盟国）と北アイルランド（イギリス領）の間でのハードな国境の回避——英アイルランド解決

しかし、物品貿易に関しては、イギリスがEUの関税同盟と単一市場から離脱する結果として、そのままではハードな国境が出現することになる。そのため、このような北アイルランド国境問題を解決することをめざして英EU間の交渉が必要となった（図表4－1）。

しかし、それが解決に至らない場合、理論的にはアイルランドをEU単一市場と関税同盟から離脱させることにより、物の自由移動を北アイルランド限定で解決するという「禁じ手」があり得る（図表4－2）。

二〇一六年六月二三日にイギリスで実施されたEU加盟の是非を問う国民投票で、北アイルランドでは残留賛成が五五・八％、離脱賛成が四四・二％であった[4]。その一方で、二〇一八年一〇月八日付『アイリッシュ・タイムズ』（*The Irish Times*）紙に掲載された世論調査（五月三〇日～六月四日実施）によれば、離脱賛成に投票した者（回答者一〇八九名）のうち八七％が、北アイルランド和平の崩壊をブレグジットの代償として受け容れられるとみなしていることが判明した[5]。このようにブレグジットは、北アイルランド和平にすでに心理面で悪影響を及ぼしていることが判明した。

こうしたことが懸念されていたため、EUは「北アイルランドの和平プロセスの業績、恩恵およびコミットメントを継続して支援し、保護すること」が極めて重要であると考えた[6]。イギリスのEU離脱により、北アイルランド（イギリス領）とアイルランドの間にハードな国境が出現するのを回避するため、「柔軟かつ想像力ある解決策」（二〇一七年四月二九日EU交渉指針）が求められた[7]。他方、メイ首相も、二〇一七年三月二九日の離脱通告書簡の中で、イギリスのEU離脱がアイルランドとの間にハードな国境を復活させるのを回避し、北アイルランドの平和を維持することを重視する姿勢を示していた[8]。

2　方法論をめぐる対立

英EU間には、北アイルランドでのハードな国境を回避するという目標で一致しながら、それをどのように達成するかという方法論において根本的な相違が存在した。イギリスは、ハードな国境の回避を英EU将来関係協定で達成しようとする一方、EU（とくにアイルランド）は離脱協定の段階で解決策を先に確保しておきたいと考えたのである[9]。

イギリスは、二〇一七年八月一六日付政策方針書「北アイルランドとアイルランド」において、北アイルランド国境を「可能な限り途切れなく摩擦のないように維持する」という目標が、「イギリスがEUとともに構築することを望む新たな、深く特別なパートナーシップという形ではじめて適切に最終合意することができる」[10]と表明した。[11]このイギリスのアプローチは、離脱協定ではなく、将来関係協定により北アイルランド国境問題の完全な解決を図ろうとするものであることを示すものであった。

これに対してEUは、イギリスが北アイルランド国境問題を利用して有利な貿易協定（将来関係協定）を結ぼうとしているのではないかと疑った。[12]EU側は、二〇一七年九月六日のコミッション文書「アイルランド／北アイルランドに関する対話のためにEU二七カ国に送付される指導原則」において、「イギリスの欧州連合からの脱退、ならびに、関税同盟および域内市場を離脱するという同国の決定により、アイルランド島に引き起こされた課題を克服する解決策を提案する責任は、イギリス側にある」[13]と述べて、イギリスを牽制した。[14]

離脱交渉が英EU将来関係協定の枠組みを協議する第二段階に移行するために「十分な進展」があったかどうかを見る期限が二〇一七年一〇月二〇日に設定されていた。しかしながら、その日に開催された欧州理事会では、北アイルランド国境問題について「十分な進展」は認定されなかった。そのため、一二月に再度評価を行うこととされた。[15]

ところが、一〇月二〇日の欧州理事会以降も、イギリスは依然として、北アイルランド国境問題が将来関係協定の中ではじめて解決されうるとの立場を変えなかった。その背景の一つとして、二〇一七年六月八日のイギリス総選挙において保守党が議席過半数を獲得できず、少数与党となったことがある。北アイルランド地域政党で、イギリスへの帰属維持を主張するユニオニスト(プロテスタント系)の民主統一党(DUP)が閣外協力することにより、メイ首相はかろうじて政権を維持することとなった(第二章)。その結果、北アイルランド国境問題におけるDUPの発言権は著しく強化されていたのである。[16]

イギリスの交渉態度を懸念したバルニエEU首席交渉官は、北アイルランド国境問題への対策として、安全装置や保険を意味する「バックストップ」(backstop)を用意するという交渉方針を採用した。EUは、将来関係協定の枠組みの協議に移るための「十分な進展」の条件として、北アイルランド国境問題におけるバックストップを要求し、北アイルランドがEU単一市場と関税同盟のルールから「規制上乖離しないようにすること」(no regulatory divergence)を強硬に主張した。しかし、メイ首相は、グレートブリテン島(イギリス本土)から切り離して北アイルランドだけが「規制上乖離しないようにする」という文言は受け容れることができないとした。そこで、双方に受け容れ可能な文言とするため、「整合性を維持すること」(maintaining alignment)という表現で妥協が成立した。[17]しかし、DUPのアーリーン・フォスター(Arlene Foster)党首は、北アイルランドがイギリスと同一の条件でEUを離脱しなければならないと主張して、その妥協案に反対した結果、英EU間の合意は頓挫した。[18]

そこで、後述するとおり、DUPの主張に配慮する文言を入れることで合意が成立し、[19]「イギリスの欧州連合からの秩序ある離脱に関するEU条約第五〇条に基づく交渉の第一段階における進展に係る欧州連合およびイギリス政府の交渉者による共同レポート」(以下、「共同レポート」)が二〇一七年一二月八日に公表された[20]。それを受けて、一二月一五日に開催された欧州理事会は、「第一段階中に達成された進展」が「第二段階に移行するのに十分である」と認定した[21]。

3 同床異夢の合意——二〇一七年一二月八日「共同レポート」

「共同レポート」は離脱協定に関する基本合意をまとめたものであり、それに基づき離脱協定を条文化する作業が行われることとなった。その「共同レポート」においてイギリスは、北アイルランドに「物理的施設または関連するチェックおよびコントロールを含め、ハードな国境を回避すること」を再確認する一方、「イギリスの不可欠な一部としての北アイルランドの立場を引き続き完全に尊重し、かつ支持する」ことを表明していた。しかし、イギリスが関税同盟と単一市場から離脱するならば、税関検査や規制チェックの必要が生じる結果、ハードな国境の回避は不可能となる。そのような事態を防ぐため、「共同レポート」で、以下のような三つのオプションが約束された。

オプションA「イギリスは引き続き、［アイルランド島の］南北協力およびハードな国境の回避の保障にコミットしている。いかなる将来の取り決めも、これらの最優先の要求と両立するものでなければならない。イギリスの意図は、これらの目標をEUとイギリスの全体的関係を通じて達成することである。」

オプションB「これが可能でない場合、イギリスはアイルランド島の特殊な状況に取り組むため特別な解決策を提案する。」

オプションC「解決策が合意に至らない場合、イギリスは、現在または将来において、南北協力、アイルランド島全体の経済、および一九九八年［ベルファスト］協定の保全を支える域内市場［EU単一市場］および関税同盟のルールとの完全な整合性(alignment)を維持する。[22]」

さらに、DUPの主張に配慮して、オプションA、BおよびCのすべてについて「解決策の合意に至らない場合、イギリスは北アイルランドとイギリスの他の部分との間に新たな規制障壁が現れることのないよう確保する」ことを約束した。また、「いかなる場合にもイギリスは、北アイルランドの企業に対し、イギリス国内市場全体において同一で制限のないアクセスを引き続き確保する」とも述べられていた[23]。

以上のオプションは、英EU間の妥協の産物であった。バルニエ首席交渉官は、オプションAおよびBがイギリスのEU離脱後に将来関係協定の交渉で取り組まれるべきものであり、離脱協定で用意すべきはバックストップとしてのオプションCということになる、と語った[24]。このオプションCにより、EU側は、将来関係協定に先行する離脱協定において、北アイルランド国境問題に関する「保険」として永続的なバックストップを北アイルランド限定で用意しておくことが可能となったと考えた。そのうえで、オプションAおよびBは英EU将来関係協定に関する交渉の中で扱われる。もしそれがEUカナダ包括的経済貿易協定(CETA)並みの自由貿易協定にとどまるならば、国境での税関検査や規制チェックが必要となって、北アイルランド国境問題が解決できないことになる。このため、その場合は離脱協定のバックストップが北アイルランド限定で使われる可能性がある、ということになる。

しかし、イギリス側は、オプションAおよびBとして、北アイルランド国境問題が将来関係協定で永続的に解決されるべきであること、また、それゆえにバックストップが暫定的なものにとどめられるべきであり、また、万一それが発動されてもイギリス全土に適用されるべきであることを想定していた。そこには、将来関係協定の交渉で北アイルランド国境問題を材料に有利に交渉を進める狙いがあった。このように、「共同レポート」で示されたオプションは、まさに同床異夢の合意であった。

4　北アイルランド国境問題をめぐるイギリスのトリレンマ

「共同レポート」の結果、イギリスは北アイルランド国境問題においてトリレンマに陥った。第一にイギリスは、当初より、単一市場と関税同盟から離脱することを明らかにしていた。しかし、そのままでは北アイルランドにハードな国境が出現する。そこでイギリスは、第二に「共同レポート」において、「[アイルランド島の]南北協力およびハードな国境の回避の保障」を約束した。そのため、オプションA、BおよびCが用意された。しかし、AとBが達成できない場合、Cがバックストップとなることを意味した。しかし、北アイルランドを含むアイルランド島において、「域内市場[EU単一市場]および関税同盟のルールとの完全な整合性を維持する」ということは、北アイルランドのみがEUの関税同盟と単一市場の物の自由移動に実質的にとどまることを意味した。

他方で第三に、イギリスは「共同レポート」において、DUPの要求を入れて、「解決策の合意に至らない場合、イギリスは北アイルランドとイギリスの他の部分との間に新たな規制障壁が現れることのないように確保する」という点も約束していた。これは、ハードな国境の回避を確保する中で、少なくとも物品貿易における規制チェックが北アイルランドとグレートブリテン島（イギリス本土）との間、すなわち、アイリッシュ海で行われないようにすることを意味した。し

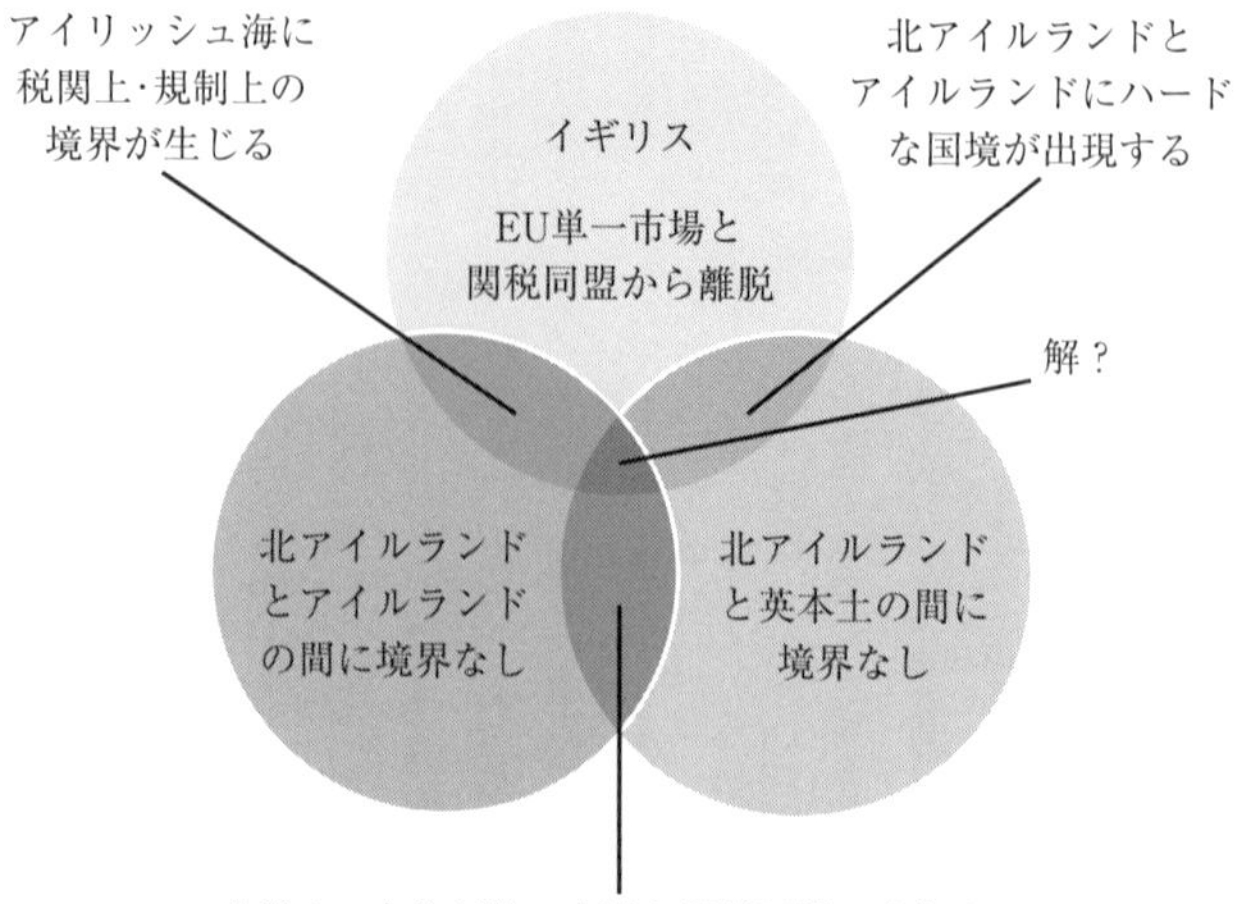

（出典：Nicolai von Ondarza, "Dancing on the Brexit Cliff Edge: The Key to the Exit Negotiations Lies in British Domestic Policy", SWP Comment 2018/C 40, October 2018, p. 2 に依拠して筆者作成）

図表 4-3　北アイルランド国境問題をめぐるイギリスのトリレンマ

かし、そのためには結局、北アイルランドを含むイギリス全土が関税同盟と単一市場の物の自由移動にとどまる必要があった。以上のトリレンマについては、図表４－３を参照されたい。

イギリスにとって、このトリレンマを解決する最善の方策は英ＥＵ将来関係協定の中に解決策を用意すること（オプションＡ）である。しかし、ＥＵはそれが達成されないことに備えたバックストップとして、離脱協定に「共通規制領域」を含めること（オプションＣ）を提案した。[25] これに対し、メイ首相は、イギリス全土を対象とする「暫定税関取り決め」を対案として提示した。ただし、それは関税同盟にのみ関わる解決策であり、物品の規制チェックがアイリッシュ海を挟んで行われることを意味したため、DUPの要求を充たしていなかった。DUPは、結局のところ、イギリス主導の英アイルランド解決(図表4-2)を期待していたように思われる。

5　北アイルランド議定書草案と「共通規制領域」

EUは二〇一八年二月二八日、離脱協定草案(26)を公表した。それに含まれる北アイルランド議定書草案の中で、物品貿易における税関検査と規制チェックの回避を北アイルランド国境で達成するための「共通規制領域」(a common regulatory space)が提案された。北アイルランド議定書草案の第三条には、次のように述べられていた。

「EUおよびイギリス領北アイルランドから成る共通規制領域がここに確立される。共通規制領域は、[本議定書]に従い、物の自由移動が確保され、かつ南北[アイルランド]協力が保護される、内部に国境のない領域を構成する。」

「共通規制領域」の内容について、図表4-4を参照されたい。この「共通規制領域」は、加盟国であるアイルランドを含むEUと、イギリス領の北アイルランドとにまたがるものとして定義され、北アイルランドはEUの関税領域の一部として位置づけられていた。EUの単一市場お

図表 4-4　「共通規制領域」の内容

北アイルランド議定書草案	共通規制領域の内容
定義	物の自由移動が確保され，かつ南北アイルランド協力が保護される，内部に国境のない領域
関税領域	イギリスのうち北アイルランドのみがEU関税領域に属する
物の自由移動に関するEU単一市場	EU・北アイルランド間で，関税・課徴金，数量制限，「数量制限と同等の効果を有する措置」(非関税障壁)，差別的内国税がすべて原則として禁止される
税関コントロール	EUの関税法およびその他の関連法令について，EUとイギリスの税関当局が共同で税関コントロールを行う
北アイルランドに適用される他のEU法分野	付加価値税(および物品税) 衛生・植物防疫(農漁業) 農漁業産品の生産・取引 電気卸売市場 環境保護 国家援助規制
ガヴァナンス関連	共通規制領域に関してEU機関は，イギリスおよびイギリス領内に在住する自然人・法人との関係において，EU法により付与される権限を有する 共通規制領域に関して，EU機関により採択される法令は，イギリスにおいてEUおよび加盟国内におけるのと同じ法的効果を有する 共通規制領域に関して，EU司法裁判所に管轄権が付与される

よび関税同盟と同様に、ＥＵと北アイルランドの間では関税・課徴金、数量制限、「数量制限と同等の効果を有する措置」(非関税障壁)、輸入品を差別する内国税(付加価値税や物品税)がすべて原則として禁止される。ＥＵの関税法およびその他の関連法令については、ＥＵとイギリスの税関当局が共同で税関コントロールを行うものとされた。また、ＥＵ司法裁判所に管轄権が付与される。「共通規制領域」は北アイルランドだけに限定されるため、イギリスの規制面における一体性が損なわれることになることを意味した[27]。これについて、図表４−５を参照されたい。

なお、「共通規制領域」はイギリスの「王室属領」(the Crown Dependencies)をモデルとするものであった。王室属領であるチャネル諸島およびマン島は、イギリス(連合王国)の一部ではないが、EU関税領域の一部であり、また、物の自由移動に関して単一市場に属している。また、アイルランドとともに「共通往来地域」を構成しており、その地域内では出入国管理は行われない。

(筆者作成)

図表 4-5　アイルランド(EU 加盟国)と北アイルランド(イギリス領)の間でのハードな国境の回避――北アイルランド限定の解決(共通規制領域)

6　イギリスの拒否と対案

(1)　イギリスの「暫定税関取り決め」案

メイ首相はEUの「共通規制領域」提案を拒否し、イギリス下院で次のように述べた。

「[EU]コミッションが公表した協定草案は、もし実施されるならば、イギリス内の共通市場を損ない、かつ、アイリッシュ海に沿って関税・規制の境界を創設することによりイギリスの憲法的一体性を脅かすものとなろう。それゆえ、誰がイギリス首相であっても決してそれには同意しないだろう。[28]」

その後、メイ首相が対案として、二〇一八年六月七日付「テクニカル・ノート」(Technical Note)で公表したのが「暫定税関取り決め」であった[29]。それは、北アイルランド国境問題に関する他の解決策が見つかるまで、イギリス政府としては二〇二一年末を想定して、イギリス全土がEUの関税同盟(および付加価値税)に参加するという案であった[30]。ただし、これは物品の規制基準(regulatory standards)には対応していない[31]。「テクニカル・ノート」によれば、「暫定税関取り決め」案の特徴は、次のとおりであった[32]。

第一に、英EU間で、関税、数量制限、原産地規則、および、申告を含む税関手続きを撤廃することである。

第二に、イギリスは自国の通商政策を追求する自由を最大限確保することである。すなわち、「暫定税関取り決め」が機能するために必要とされる場合を除き、EUの共通通商政策の適用の範囲外にあるものとされる。イギリスは他の諸国と自由貿易協定を交渉し、それに署名し、批准することができ、また、「暫定税関取り決め」の機能に影響を及ぼさない要素については実施することも可能である。他方で、EUの自由貿易協定に定められた特恵的関税率を適用することにより、引き続きそれらの協定から経済的利益を確保する。

第三に、英EU間で最終的な永続的解決策に合意すれば、「暫定税関取り決め」に置き換わる。「暫定税関取り決め」は、最終的な税関取り決めの実施に遅れが出る場合など、狭い範囲の特定の状況において、移行期間の後にはじめて効力が発生し、期間が限定される。ただし、これは必ずしもイギリスが望むオプションではない。

第四に、「暫定税関取り決め」は離脱協定に規定されるとともに、英EU将来関係枠組みには最終的な税関取り決めが定められるものとする。

第五に、「暫定税関取り決め」の提案は、イギリスの目標とする点を述べ、可能なオプションを概観しているにとどまり、今後EUとの間で議論を深める必要がある[33]。

(2)「暫定税関取り決め」案に対するEUの反応

EU側のバルニエ首席交渉官は、二〇一八年六月八日のプレス・ステートメント[34]において、「テクニカル・ノート」の公表を歓迎しながらも、イギリスの「暫定税関取り決め」案に対する疑問点を三つ指摘した。

第一点は、イギリス案が北アイルランドでのハードな国境を回避することができる実行可能な解決策かどうかということである。この点については、イギリス案も認めているとおり、「完全な規制上の整合」(full regulatory alignment)という問題への対応が欠けていた。

第二点は、EU側のレッドラインの一つである単一市場の一体性が尊重されているかどうかということであった。イギリス案では、EUが他の諸国と締結した自由貿易協定からイギリスが引き続き経済的利益を確保するとされているが、EUを離脱した後のイギリスが、EUの既存の自

図表 4-6 EUの「共通規制領域」案とイギリスの「暫定税関取り決め」案の比較

	共通規制領域(EU)	暫定税関取り決め(UK)
対象となる国境管理	・税関(関税，付加価値税，物品税，他の通商措置) ・物品規制・基準	・税関(関税，付加価値税，物品税，他の通商措置)のみ
対象となる領域	北アイルランドに限定	イギリス全土
対象となる期間	限定なし(必要に応じて)	暫定(2021年末を想定)
EU司法裁判所の管轄	EU基本条約に規定される管轄権を有する	イギリス国内裁判所がEU司法裁判所の判決を参照する

由貿易協定から恩恵を得るには、それらの協定の再交渉が必要であり、実現困難と言わざるを得ない。また、イギリスがＥＵの付加価値税制にどのように適合するのかという問題点も残る。

第三点は、イギリス案が「全天候型(all-weather)のバックストップ」かどうかということであった。イギリス案は「暫定」的であり、いついかなるときでもハードな国境を回避する仕組みになっていない[35]。

このようなイギリス案に対し、バルニエ首席交渉官によれば、ＥＵの「共通規制領域」案は以上の三点に応えるものであった。イギリスは、同国の全土にわたる解決策を提案しているが、求められているのは北アイルランドに特殊な事情に対応することであるので、「共通規制領域」をイギリス全土に拡張するようなことは考えられない。北アイルランドのみをＥＵの関税領域に組み入れることについて、バルニエ首席交渉官は、「［アイリッシュ海の］フェリーで行われているチェックは、五〇〇キロにわたる［英アイルランド］陸地国境に沿って行われるチェックほど分断的ではない」、「しかも、これらのチェックについては、北アイルランドとイギリスの他の部分との間ですでに存在している取り決めと施設を活用することができる」と指摘した。[36] ＥＵの「共通規制領域」案とイギリスの「暫定税関取り決め」案の比較について、図表4－6を参照されたい。

7 「チェッカーズ・プラン」――ソフトな離脱によるトリレンマからの脱出？

英ＥＵ将来関係協定は、経済的パートナーシップと安全保障パートナーシップの両面を含むが、前者について与党の保守党内および閣内でハードな離脱派とソフトな離脱派が激しく対立していたため、ＥＵとの交渉が進捗していなかった。このような状況を打開するため、メイ首相は、二〇一八年七月六日にロンドン郊外のチェッカーズ(Chequers)にある公式別荘に閣僚を招集して特別閣議を行い、英ＥＵ貿易関係でソフトな離脱に舵を切ることを決定した。この決定は二〇一八年七月六日チェッカーズにおけるイギリス政府声明[37](チェッカーズ声明)として公表された。それにより、デイヴィッド・デイヴィス離脱担当相およびボリス・ジョンソン外相が辞職することとなった。しかし、メイ首相はすぐに後任として、ドミニク・ラーブ(Dominic Raab)氏を離脱担当相に、また、ジェレミー・ハント(Jeremy Hunt)氏を外相に、それぞれ任命するとともに、七月一二日にチェッカーズ声明の詳細を含む「イギリスおよび欧州連合の間における将来関係」と題する白書(英ＥＵ将来関係白書[38])を公表した。以下では、チェッカーズ声明と英ＥＵ将来関係白書の内容をチェッカーズ・プランと総称する。

メイ首相は、北アイルランド国境問題をめぐるトリレンマから脱出するため、二〇一八年六月七日にオプションCとして暫定的なバックストップである「暫定税関取り決め」案を示す一方、チェッカーズ・プランの中で、「共通ルールブック」に基づく物品の自由貿易地域、および、税関円滑化取り決めを、先述した「共同レポート」にあるオプションAとBとして提示した。メイ首相は、これらが北アイルランド国境におけるハードな国境を回避する唯一の案であると主張した(39)。

「共通ルールブック」とはイギリスが国内法令のEU法令との整合性を自発的に維持することを意味し、それに基づく物品の自由貿易地域はオプションAに当たる。すなわち、北アイルランド国境問題を英EU将来関係協定の中で解決するものとして、農産物を含む物品に関する自由貿易地域を創設し、関税および数量制限を撤廃することを意味する。そのために、「イギリスとEUは、農産食品を含む物品に関する共通ルールブックを維持することとし、イギリスは国境での摩擦のない貿易を行うために必要な範囲でのみ、EUルールと持続的に調和することを条約により約束することをあらかじめ選択する(40)」。ここで述べられている「農産食品を含む物品に関する共通ルールブックを維持すること」とは、北アイルランド国境においても(後述する税関検査とともに)規制管理を行う必要性をすべて撤廃することを意味した(41)。

他方、オプションBに当たるものとして、イギリスは英EU間に「税関円滑化取り決め」(a Facilitated Customs Arrangement)を「段階的」(phased)なアプローチで導入することを提案した。イギリス経由でEUに入る物品については、EUの税関手続きに従い、また、適正な関税が支払われることが確保されるようにすることにより、イギリスとEUが「あたかも一つになった関税領域であるかのように」英EU間の税関検査および管理の必要性が除去される(42)。そのため、イギリスは、「EU関税法典」(Union Customs Code: UCC)および安全・セキュリティに関わるEU規制を含む共通ルールブックを維持する。さらに、付加価値税(VAT)および物品税に関する申告と国境検査を回避するため、それらについて共通の越境手続きなどを適用することも提案された(43)。以上の共通ルールブックと税関円滑化取り決めから成るチェッカーズ・プランによる北アイルランド国境問題の解決については、図表4－7を参照されたい。

このチェッカーズ・プランに対し、EUのバルニエ首席交渉官は、「EUは、EUの統治構造に服さない非加盟国に、EUの税関政策およびルールの適用、また、付加価値税および物品税の徴収を委ねることができないし、そうするつもりもない」と述べ、非常に懐疑的な見方を示した(44)。

他方、イギリス議会は二〇一八年七月一六日、「課税(越境貿易)法案」(Taxation (Cross-border Trade) Bill)への修正を可決し(45)、「北アイルランドがイギリスと別個の関税領域の一部となる取り決めをイギリス政府が結ぶことを違法とする(46)」こととし、EUの「共通規制領域」案を封じ込める手を打った(47)。

その後、イギリス政府は、イギリス全土を対象に一時的に関税同盟を継続すること、また、ア

図表 4-7　アイルランド（EU 加盟国）と北アイルランド（イギリス領）の間でのハードな国境の回避――チェッカーズ・プラン（共通ルールブック＋税関円滑化取り決め）

イリッシュ海での「衛生植物検疫措置」（ＳＰＳ措置）および市場をベースにした物品検査により、北アイルランドで規制の整合性を確保するという「ハイブリッド」なバックストップ案を検討するようになった[48]。しかし、北アイルランド地域政党の民主統一党（ＤＵＰ）は規制面であっても北アイルランドを別扱いする案には強い拒否反応を示した[49]。

これに対してＥＵ側は、北アイルランド限定の「共通規制領域」案に固執する一方、二〇一八年八月から一〇月にかけて、北アイルランドとイギリスの他の領域の間でのチェックを最小限にすることにより問題を「沈静化すること」（de-dramatising）に取り組んだ[50]。それには、農業食品に対するＳＰＳ措置のみが北アイルランド国境とイギリスの他の地域の間の境界で行われる一方、税関および付加価値税のチェックは輸送中実施され、また、規制上のチェックは市場でなされるというものであった。しかしこれに対しても、ＤＵＰは強固な反対を貫いた[51]。

二〇一八年九月一九～二〇日、ザルツブルク（オーストリア）でＥＵ非公式首脳会議が開催され、トゥスク欧州理事会常任議長は、「堅固であり、運用可能な、かつ法的拘束力を有するアイルランドのバックストップがなければ、離脱協定は存在しないことを再確認した」と述べる一方で、「とくに単一市場を損なうおそれがあるため」、「チェッカーズ提案には肯定的な要素もあるが、提案されている経済協力枠組みは機能しない」と述べた[52]。続いて一〇月一七〜一八日に欧州理事会がブリュッセルで開催され、一七日の（イギリスを除く）EU二七カ国の首脳会合で「十分な進展が達成されていない」ことが確認されたが、「決定的な進展がなされたならば」欧州理事会を一一月に開催する用意があることが宣言された[53]。

8　バックストップをめぐる対立

その後も英EU間で交渉が続けられた。両者間で、バックストップとしてイギリス全土を対象とする必要最小限の関税同盟を認め、北アイルランドがEUの関税領域の一部となることを取り下げる一方で、北アイルランドにはEUに合わせた追加の税関ルールおよび規制が伴うという二重構造とする案が浮上した[54]。離脱協定には二〇二〇年末までの移行期間が含まれるため、それまでに将来関係協定に合意できない場合に、そのようなバックストップが適用されることを意味した[55]。

しかし、対立点として残ったのが、バックストップを一時的なものとし、終了条項を設けて、イギリスが一方的に終了することができるようにするか否かという問題であった[56]。ラーブ離脱担当相は、事前通告により三カ月以内にバックストップを一方的に終了できるようにすることを要求した[57]。これに対し、ＥＵは拒否し、もしそれを認める場合には、イギリス全土を対象とするバックストップの終了に備えて、北アイルランドに限定した「バックストップに対するバックストップ[58]」が必要であると主張した[59]。その後、バックストップに一方的終了条項ではなく、英ＥＵがバックストップの終了について共同で決定するレビュー・メカニズム[60]や、独立のレビュー・メカニズムが協議された。しかしＥＵ側は、レビュー・メカニズムにおいてＥＵ司法裁判所のみが裁定を行うことができるようにすべきであると主張した[61]。

さらにＥＵ側は、イギリス全土を対象とするバックストップに対して、「公平な競争条件」(a level playing field)を確保するため、イギリスが国家援助規制および競争政策、税制、環境規制、労働者保護などで現在および将来のＥＵルールに合わせること[62]、また、イギリスの漁業海域におけるＥＵ加盟国の漁船の操業を認めることを要求した[63]。

しかしついに、二〇一八年一一月一四日双方の交渉官レベルで「イギリスのＥＵ離脱に関する協定」が合意された[64]。それに基づいて英ＥＵ双方の政治レベルで合意が承認された後、離脱協定は英ＥＵ将来関係協定に関する「政治宣言[65]」とともに、署名と批准の手続に入ることとなった。ＥＵ側は一一月二五日の欧州理事会特別会合において両文書を承認した。しかしながら、イギリス下院での承認が難航することが予想された。

9　バックストップのゆくえ

先述した北アイルランド国境問題をめぐるトリレンマを解決する最善の方策は、英EU将来関係協定の中に解決策を用意することである。しかし、それは長い時間の交渉を要する課題であり、EU条約第五〇条には離脱協定の内容として含まれておらず、政治宣言として枠組みが示されるにとどまる。

このため、イギリスは離脱協定に移行期間を含めることにより、その間に将来関係協定の交渉を行うことを求めた。しかし、移行期間は二〇一九年三月三〇日から二〇二〇年末までとされ、二一カ月間にとどまるため、それまでに将来関係協定が署名・批准される可能性は低いと予想された。

それゆえ、EUはそれが達成されないことに備えたバックストップとして、離脱協定に期限を定めない「共通規制領域」を含めることを提案したのである。これに対し、メイ首相が対案として提示したのが、北アイルランドだけでなく、イギリス全土を対象とし、期間を限定するバックストップであった。

もしEUの要求どおり、北アイルランド限定で無期限のバックストップのみが離脱協定に含められるならば、そのバックストップがEUにとって、英EU将来関係協定の交渉が不調に終わった場合の「保険」となる。[66] すなわち、英EU将来関係協定がEUカナダ包括的経済貿易協定（CETA）並みの自由貿易協定にとどまり、その枠内で北アイルランド国境問題を解決できなくとも、すでにそのバックストップが存在することを意味する。また、EUの単一市場（人の自由移動を含む）と関税同盟に参加する「欧州経済領域プラスEEA＋」（ノルウェー・プラス・モデル）に基づく将来関係協定の場合は、それ自体がEUにとって有利な協定であり、その枠内で北アイルランド国境問題を解決することが可能となる。

他方で、それらのシナリオは、イギリスにとって避けたい事態であった。このため、イギリスとしては、北アイルランド国境問題を将来関係協定で解決することを念頭に置いて、バックストップは暫定的でよいと考えた。そこには、すでに述べたとおり、イギリスが将来関係協定の交渉で北アイルランド国境問題を材料に有利に交渉を進める狙いがあった。このように北アイルランド国境問題をめぐるバックストップの交渉は、実際には将来関係協定に関する交渉の前哨戦でもあったと言うことができる。

（1） 庄司克宏「Brexitの諸問題・18 北アイルランド国境問題をめぐるトリレンマと離脱協定」、『貿易と関税』第66巻12号、二〇一八年（二一～三四頁）。
（2） これについては、南野泰義「一九九八年「ベルファスト和平合意」の構造（1）（2）」、『立命館国際研究』第24巻2号、二〇一一年一〇月（一〇一～一一九頁）、同第24巻3号、二〇一二年三月（四九～七〇頁）を参照されたい。

（3）「共通往来地域」については、たとえば以下を参照されたい。Terry McGuinness and Melanie Gower, "The Common Travel Area, and the special status of Irish nationals in UK law", Commons Library Briefing, No. 7661, 9 June 2017, available at 〈http://researchbriefings.files.parliament.uk/documents/CBP-7661/CBP-7661.pdf〉, accessed 07/11/2018; Common Travel Area Version 2.0, Home Office, 6 November 2018, available at 〈https://assets.publishing.service.gov.uk/government/uploads/system/uploads/attachment_data/file/754019/common-travel-area-v2.0ext.pdf〉, accessed 07/11/2018.

（4）Brendan O'Leary, "The Twilight of the United Kingdom & Tiocfaidh ár lá: Twenty Years after the Good Friday Agreement" in Etain Tannam (ed.), *Beyond the Good Friday Agreement: In the Midst of Brexit*, Routledge, 2018, pp. 1–20 at 6.

（5）Gerry Moriarty, "Almost four out of five Northern Ireland Leavers put Brexit above peace process", *The Irish Times*, October 8, 2018, available at 〈https://www.irishtimes.com/news/ireland/irish-news/almost-four-out-of-five-northern-ireland-leavers-put-brexit-above-peace-process-1.3656188〉, accessed 04/11/2018.

（6）European Council（Art. 50）guidelines following the United Kingdom's notification under Article 50 TEU, EUCO XT 20004/17, European Council, 29 April 2017, para. 11.

（7）*Ibid.*

（8）Prime Minister's letter to Donald Tusk triggering Article 50, 29 March 2017, p. 5. available at 〈https://www.gov.uk/government/uploads/system/uploads/attachment_data/file/604079/Prime_Minis ters_letter_to_European_Council_President_Donald_Tusk.pdf〉, accessed 04/04/2017.

(9) *Ibid.*

(10) Northern Ireland and Ireland - position paper, Northern Ireland Office and Department for Exiting the European Union, 16 August 2017, p. 14, available at 〈https://assets.publishing.service.gov.uk/government/uploads/system/uploads/attachment_data/file/638135/6.3703_DEXEU_Northern_Ireland_and_Ireland_INTERACTIVE.pdf〉, accessed 04/11/2018.

(11) Tony Connelly, "Brexit: A brief history of the backstop", *RTÉ*, 20 October 2018, available at 〈https://www.rte.ie/news/brexit/2018/1019/1005373-backstop-tony-connelly/〉, accessed 04/11/2018.

(12) *Ibid.*

(13) Guiding principles transmitted to EU27 for the Dialogue on Ireland/Northern Ireland, TF50 (2017) 15 – Commission to EU 27, 6 September 2017, p. 2, available at 〈https://ec.europa.eu/commission/sites/beta-political/files/guiding-principles-dialogue-ei-ni_en.pdf〉, accessed 05/11/2018.

(14) Tony Connelly, op. cit. *supra* note 11.

(15) European Council (Art. 50) meeting (20 October 2017) – Conclusions, EUCO XT 20014/17, Brussels, 20 October 2017, paras. 1, 3, available at 〈https://www.consilium.europa.eu/media/23512/20-euco-conclusions-art50.pdf〉, accessed 05/11/2018.

(16) Tony Connelly, op. cit. *supra* note 11.

(17) *Ibid.*

(18) "No deal reached in Brexit talks between May and Juncker", *RTÉ*, 4 Dec 2017, available at 〈https://www.rte.ie/news/brexit/2017/1204/924815-single-market-eu-negotiations/〉, accessed 05/11/

2018.

(19) Communication on the state of progress of the negotiations with the United Kingdom under Article 50 of the Treaty on European Union, COM (2017) 784 final, Brussels, 8.12.2017, available at ⟨https://ec.europa.eu/commission/sites/beta-political/files/1_en_act_communication.pdf⟩, accessed 05/11/2018.

(20) Joint report from the negotiators of the European Union and the United Kingdom Government on progress during phase 1 of negotiations under Article 50 TEU on the United Kingdom's orderly withdrawal from the European Union, TF50 (2017) 19 – Commission to EU 27, 8 December 2017, available at ⟨https://ec.europa.eu/commission/sites/beta-political/files/joint_report.pdf⟩, accessed 04/02/2018.

(21) European Council (Art. 50) meeting (15 December 2017) – Guidelines, EUCO XT 20011/17, Brussels, 15 December 2017, para. 1, available at ⟨https://www.consilium.europa.eu/media/32236/15-euco-art50-guidelines-en.pdf⟩, accessed 05/11/2018.

(22) Joint report, cited *supra* note 20, para. 49.

(23) *Ibid*., para. 50; Tony Connelly, op. cit. *supra* note 11.

(24) Eszter Zalan, "Barnier warns UK Brexit transition period 'not a given'", *euobserver*, 9 February 2018, available at ⟨https://euobserver.com/uk-referendum/140934⟩, accessed 12/02/2018.

(25) Nicolai von Ondarza, "Dancing on the Brexit Cliff Edge: The Key to the Exit Negotiations Lies in British Domestic Policy", SWP Comment 2018/C 40, October 2018, p. 3, available at ⟨https://www.swp-berlin.org/fileadmin/contents/products/comments/2018C40_orz.pdf⟩, accessed 01/11/2018.

(26) "European Commission Draft Withdrawal Agreement on the withdrawal of the United Kingdom of

Great Britain and Northern Ireland from the European Union and the European Atomic Energy Community", Position Paper, European Commission, 28 February 2018, available at 〈https://ec.europa.eu/commission/sites/beta-political/files/draft_withdrawal_agreement.pdf〉, accessed 09/03/2018.

(27) "Brexit withdrawal text: What it says and what it means", *POLITICO*, 28 February 2018, available at 〈https://www.politico.eu/article/brexit-negotiation-withdrawal-text-what-it-says-and-what-it-means/〉, accessed 04/03/2018.

(28) Denis Staunton, "Theresa May rejects draft Brexit withdrawal agreement", *The Irish Times*, 28 February 2018, available at 〈https://www.irishtimes.com/news/world/theresa-may-rejects-draft-brexit-withdrawal-agreement-1.3409215〉, accessed 12/03/2018.

(29) メイ首相は、すでに二〇一八年三月二日の演説で、物品貿易における税関取り決めとして「税関パートナーシップ」と「高度に簡素化された税関取り決め」を提案していた。「税関パートナーシップ」は、イギリスを経由してEUに向かう物品にEUと同じ関税率および原産地規則を適用するものであり、先述した「共同レポート」にあるオプションAを想定するものであった。また、「高度に簡素化された税関取り決め」は、行政手続きの簡素化、最新のハイテク技術の活用などにより貿易に対する「摩擦」を最小化することに加え、南北アイルランド間貿易の八〇%を占める中小貿易業者に対しては離脱前と同じ体制を維持することなどが含まれ、オプションBを主として採用するものであった。Prime Minister Theresa May's speech on our future economic partnership with the European Union, 2 March 2018, available at 〈https://www.gov.uk/government/speeches/pm-speech-on-our-future-economic-partnership-with-the-european-union〉, accessed 09/03/2018. しかし、EU側はこれらのメイ提案を現実味がないものとして受けとめた。George Parker and Alex Barker, "May Brexit speech keeps government intact but faces

frosty EU response", *The Financial Times*, 3 March 2018, available at 〈https://www.ft.com/content/abbd4e22-1e2d-11e8-956a-43db76e69936〉, accessed 12/03/2018.

(30) Technical note: temporary customs arrangement, Cabinet Office, 7 June 2018, available at 〈https://assets.publishing.service.gov.uk/government/uploads/system/uploads/attachment_data/file/714656/Technical_note_temporary_customs_arrangement.pdf〉, accessed 09/07/2018.

(31) Sylvia de Mars, "Brexit: Negotiations Update (March-June 2018)", Commons Library Briefing, 20 June 2018, p. 8, available at 〈http://researchbriefings.files.parliament.uk/documents/CBP-8339/CBP-8339.pdf〉, accessed 09/07/2018.

(32) Technical note: temporary customs arrangement, cited *supra* note 30.

(33) *Ibid.*

(34) Press statement by Michel Barnier following this week's round of negotiations Brussels, European Commission, 8 June 2018, available at 〈http://europa.eu/rapid/press-release_STATEMENT-18-4105_en.htm〉, accessed 09/07/2018.

(35) *Ibid.*

(36) *Ibid.*

(37) Statement from HM Government, Chequers, 6 July 2018, available at 〈https://assets.publishing.service.gov.uk/government/uploads/system/uploads/attachment_data/file/723460/CHEQUERS_STATEMENT_-_FINAL.PDF〉, accessed 09/07/2018.

(38) The future relationship between the United Kingdom and the European Union, Department for Exiting the European Union, UK, 12 July 2018, available at 〈https://assets.publishing.service.gov.uk/

government/uploads/system/uploads/attachment_data/file/724982/The_future_relationship_between_the_United_Kingdom_and_the_European_Union_WEB_VERSION.pdf〉, accessed 13/07/2018.

(39) "Theresa May: Chequers plan 'only one to avoid hard border'", *BBC News*, 16 September 2018, available at 〈https://www.bbc.co.uk/news/uk-northern-ireland-45539190〉, accessed 12/11/2018.

(40) The future relationship between the United Kingdom and the European Union, cited *supra* note 38, p. 15, 19, 21.

(41) Stephen Booth and Aarti Shankar, "The Brexit White Paper offers a compromise approach for negotiations", Open Europe, July 2018, available at 〈https://2ihmoy1d3v7630ar9h2rsglp-wpengine.netdna-ssl.com/wp-content/uploads/2018/07/180716-White-Paper-Response-PDF.pdf〉, accessed 29/07/2018.

(42) The future relationship between the United Kingdom and the European Union, cited *supra* note 38, p. 16, 19.

(43) *Ibid.*, p. 17, 18.

(44) Statement by Michel Barnier at the press conference following his meeting with Dominic Raab, UK Secretary of State for Exiting the EU, Brussels, 26 July 2018, available at 〈http://europa.eu/rapid/press-release_SPEECH-18-4704_en.htm〉, accessed 29/07/2018.

(45) "Legal promise of no customs border in Irish Sea great news for economy: DUP", *Belfast Telegraph*, 17 July 2018, available at 〈https://www.belfasttelegraph.co.uk/news/brexit/legal-promise-of-no-customs-border-in-irish-sea-great-news-foreconomy-dup-37126208.html〉, accessed 12/11/2018.

(46) "Taxation (Cross-border Trade) Act 2018", UK Parliament, 13 September 2018, available at 〈http://www.legislation.gov.uk/ukpga/2018/22/pdfs/ukpga_20180022_en.pdf〉, accessed 12/11/2018.

(47) David C. Shiels and Dominic Walsh, "Resetting the backstop", Open Europe, 11/2018, p. 14, available at 〈https://openeurope.org.uk/wp-content/uploads/2018/11/181107-Resetting-the-backstop-final-report.pdf〉, accessed 07/11/2018.

(48) Patrick Smyth, "Brexit: EU postpones key paper on future UK relationship", *The Irish Times*, 8 October 2018, available at 〈https://www.irishtimes.com/news/world/europe/brexit-eu-postpones-key-paper-on-future-uk-relationship1.3655878〉, accessed 12/11/2018.

(49) David C. Shiels and Dominic Walsh, op. cit. *supra* note 47, p. 15.

(50) Speech by Michel Barnier at the closing session of Eurochambre's European Parliament of Enterprises 2018, European Commission, Brussels, 10 October 2018, available at 〈http://europa.eu/rapid/press-release_SPEECH-18-6089_en.htm〉, accessed 12/11/2018.

(51) David C. Shiels and Dominic Walsh, op. cit. *supra* note 47, p. 16, 17.

(52) Remarks by President Donald Tusk after the Salzburg informal summit, 20/09/2018, available at 〈https://www.consilium.europa.eu/en/press/press-releases/2018/09/20/remarks-by-president-donald-tusk-after-the-salzburg-informal-summit/〉, accessed 12/11/2018.

(53) Main results, European Council (Art. 50), 17/10/2018, available at 〈https://www.consilium.europa.eu/en/meetings/european-council/2018/10/17/art50/〉, accessed 13/11/2018.

(54) Fiach Kelly, "Brexit backstop deal set to cover all of UK", *The Irish Times*, 5 November 2018, available at 〈https://www.irishtimes.com/news/ireland/irish-news/brexit-backstop-deal-set-to-cover-all-of-uk-1.3686240〉, accessed 13/11/2018; David C. Shiels and Dominic Walsh, op. cit. *supra* note 47, p. 21.

(55) Mehreen Khan, Alex Barker and Jim Brunsden, "Brexit negotiators say draft treaty is close", *The*

Financial Times, 10 Novemeber 2018, available at ⟨https://www.ft.com/content/4cfbdbf0-e458-11e8-a6e5-792428919cee⟩, accessed 11/11/2018.

(56) David C. Shiels and Dominic Walsh, op. cit. *supra* note 47, p. 23.

(57) Colman O'Sullivan, "Proposals review cannot involve end to backstop – Taoiseach", *RTÉ*, 5 November 2018, available at ⟨https://www.rte.ie/news/2018/1105/1008682-raab-on-brexit/⟩, accessed 14/11/2018.

(58) Tom Barnes, "Brexit: Theresa May warned DUP of Irish sea border in case of no-deal, leaked letter suggests", *Independent*, 9 November 2018, available at ⟨https://www.independent.co.uk/news/uk/politics/brexit-theresa-may-letter-irish-sea-border-backstop-northern-ireland-customs-dup-a8625206.html⟩, accessed 12/11/ 2018.

(59) Colman O'Sullivan, op. cit. *supra* note 57; David C. Shiels and Dominic Walsh, op. cit. *supra* note 47, p. 21.

(60) "May's crunch cabinet meeting over Brexit deal delayed amid row", *The Guardian*, 7 November 2018, available at ⟨https://www.theguardian.com/politics/2018/nov/07/crunch-cabinet-meeting-over-theresa-may-brexit-deal-delayed-amid-row⟩, accessed 08/11/2018.

(61) "Theresa May's Brexit deal crashes as EU 'turns off life support'", *The Times*, available at ⟨https://www.thetimes.co.uk/edition/news/may-s-brexit-deal-crashes-as-eu-turns-off-life-support-fg02wktsp⟩, accessed 14/11/2018.

(62) Alex Barker, Jim Brunsden and Jim Pickard, "Brussels ties environment and state-aid rules to Brexit 'backstop'", *The Financial Times*, 12 November 2018, available at ⟨https://www.ft.com/content/

599203da-e5c5-11e8-8a85-04b8afea6ea3〉, accessed 12/11/2018.

(63) George Parker, James Blitz and Alex Barker, "Theresa May to cajole ministers to get behind Brexit deal", *The Financial Times*, 9 November 2018, available at 〈https://www.ft.com/content/1e630e4e-e359-11e8-a6e5-792428919cee?kbc=82645c31-4426-4ef5-99c9-9df6e0940c00〉, accessed 19/11/2018.

(64) *Draft Agreement on the withdrawal of the United Kingdom of Great Britain and Northern Ireland from the European Union and the European Atomic Energy Community, as agreed at negotiators' level on 14 November 2018*, TF50 (2018) 55 – Commission to EU27, 14 November 2018, available at 〈https://ec.europa.eu/commission/sites/beta-political/files/draft_withdrawal_agreement_0.pdf〉, accessed 15/11/2018.

(65) *Outline of the political declaration setting out the framework for the future relationship between the European Union and the United Kingdom of Great Britain and Northern Ireland, as agreed at negotiators' level on 14 November 2018*, TF50 (2018) 56 – Commission to EU27, 14 November 2018, available at 〈https://ec.europa.eu/commission/sites/beta-political/files/outline_of_the_political_declaration.pdf〉, accessed 15/11/2018.

(66) David C. Shiels and Dominic Walsh, op. cit. *supra* note 47, p. 22.

第5章

ブレグジット・パラドクス

――英EU交渉の結末

「悪い合意ならしない方がましです」と、イギリスのメイ首相は繰り返し主張した。しかし、ブレグジット交渉を振り返ると、EU側の誰もその言葉を信じなかったようである。メイ首相は、一貫した交渉プランを持ち合わせておらず、政府内および与党との間で交渉の最終目標を定めることができなかった。それにもかかわらず、交渉のはじめからレッドラインを並べ立てては行き詰まり、徐々に後退せざるを得なくなった(1)。イギリスのブレグジット交渉におけるレッドラインは交渉方針というより、保守党内の強硬離脱派への公約のようなものであった。そもそも、国民投票によるイギリスのEU離脱の決定は、十分考え抜かれた戦略的選択ではなかったのである(2)。それにもかかわらず、メイ首相は持ちこたえ、ブレグジット交渉はぎりぎりのところで妥結した。ところが、英EU交渉の成果は、とくに北アイルランド国境問題の解決方法をめぐって、イギリス政府内、保守党内、議会内のいずれにおいても不評であった。その結果、イギリス議会は二〇一九年一月一五日、二〇二対四三二の歴史的大差で英EU合意の承認を否決した。このため、離脱協定の批准の見通しが立たなくなった。しかしそれにもかかわらず、その北アイルランド国境問題がイギリスをEUに結びつけるというブレグジット・パラドクスが存在する。

1　離脱協定と政治宣言に関する英EU合意

二〇一八年一一月一三日、EUはブレグジット交渉で「決定的な進展」がなされたと結論し、翌一四日EUコミッションとイギリス政府が「イギリスの欧州連合および欧州原子力共同体からの脱退に関する協定」[3]（以下、離脱協定）の草案を公表した。また、二二日には英EUの交渉官が「欧州連合およびイギリスの間における将来関係のための枠組みを定める政治宣言」[4]（以下、政治宣言）に合意した。以下では、両者を併せて適宜、英EU合意と略称する。

離脱協定草案は、英EU将来関係枠組みに関する政治宣言草案とともに、二〇一八年一一月二五日欧州理事会の特別会合において承認された[5]。イギリス側でも、下院で両文書が承認される必要がある。その後、離脱協定はイギリスのEUからの離脱条件を定める英EU間の国際条約として、英EU双方の署名と批准の手続きを経て発効すれば法的拘束力を持つことになる。他方、政治宣言は英EU将来関係の範囲および条件を定めるが（図表5－1）、それ自体として法的拘束力を有しない。その内容は離脱後の交渉により国際条約として成立した後、法的拘束力を付与される。離脱協定には、EUとイギリスが二〇二〇年末の移行期間終了時に間に合うよう、政治宣言に盛り込まれた英EU将来関係協定を交渉するために最大限努力しなければならないとすることが明文化されている。離脱協定および政治宣言の構成については、図表5－2と図表5－3を参

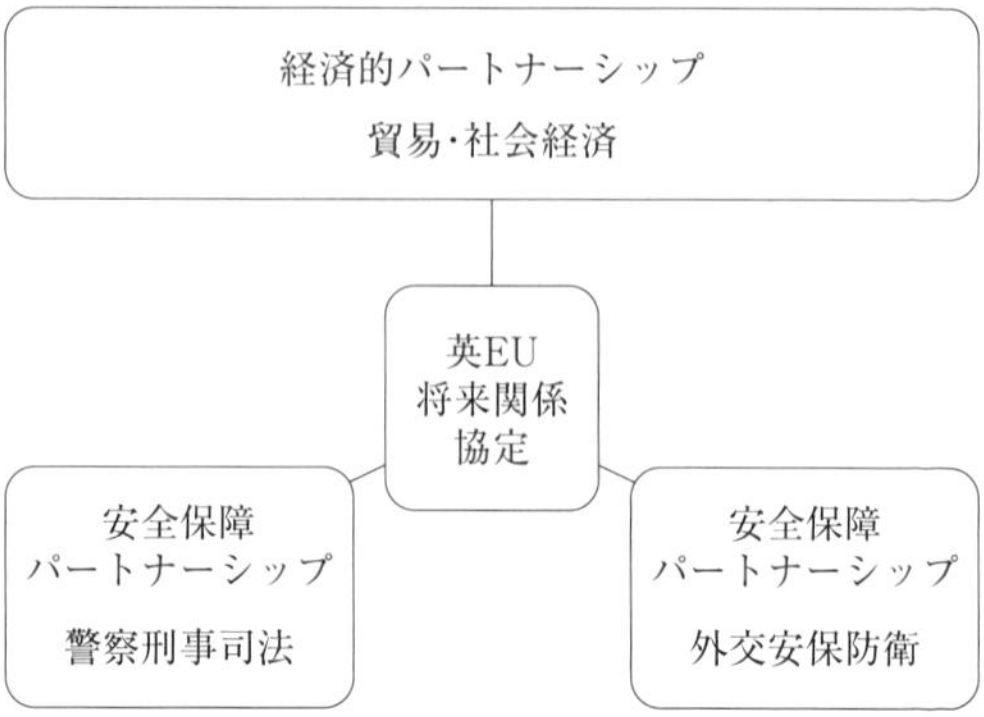

図表 5-1　英 EU 将来関係協定

照されたい。

離脱協定の効力発生の日は二〇一九年三月三〇日に設定されており、その日よりEU法は全体としてイギリスに適用されることが停止される。ただし、移行期間中はEU法の適用が維持されることになっている。離脱協定の目的は、イギリスのEUからの秩序ある離脱を確保することである。

離脱協定の三つの主要項目に含まれるEU市民の権利保全については、第一に移行期間（二〇一九年三月三〇日〜二〇二〇年末）の終了までに合法的に居住するイギリスのEU市民およびEU内のイギリス国民は、引き続き居住することができる。五年間居住したならば、永住権が付与される。家族構成員も同様に保護される。第二に、イギリスでEU市民と家族構成員は「EU移住スキーム」による新たな在留資格を申請する必要がある一方、EU加盟国ではイギリス国民と家族構成員に対して在留資格を申請するか否かが選択される。第三に、申請手続は短く、わかりやすいものとされる。在留資格は、無料または同様の文書の場合にかかる費用を超えない料金で交付される。第四に、EUまたはイギリスに居住する、医師や弁護士などの専門職従事者は、移行期間の

図表 5-2　離脱協定の構成

前文		
本文	第 1 部	共通規定
	第 2 部	市民の権利
	第 3 部	分離規定
	第 4 部	移行措置
	第 5 部	財政規定
	第 6 部	機関規定および最終規定
議定書	アイルランド／北アイルランドに関する議定書(および附属書 1～6)	
	キプロスにおけるイギリス主権基地領域に関する議定書	
	ジブラルタルに関する議定書	
附属書	社会保障の調整に関する附属書など，附属書 I～IX	

図表 5-3　政治宣言(経済的パートナーシップ)の構成

I.	目的および原則	
II.	物品	A. 目的および原則，B. 関税，C. 規制的側面，D. 税関，E. 検査および管理に対する含意
III.	サービスおよび投資	A. 目的および原則，B. 市場アクセスおよび差別禁止，C. 規制的側面
IV.	金融サービス	
V.	デジタル分野	
VI.	資本移動および支払い	
VII.	知的財産権	
VIII.	公共調達	
IX.	人の移動	
X.	運輸	A. 航空，B. 道路輸送，C. 鉄道輸送，D. 海上輸送
XI.	エネルギー	A. 電気およびガス，B. 民生用核，C. カーボン・プライシング
XII.	漁業機会	
XIII.	グローバルな協力	
XIV.	開放的および公正な競争のための公平な競争条件	

終了までに相互承認された専門職資格をその後も引き続き維持することができる。第五に、離脱協定に基づいて居住または労働の権利を有するEU市民は、労働、教育、および公共サービス・公的給付へのアクセスの点で、イギリスのEU離脱前とほぼ同じ権利を付与される。また、移行期間の終了までにイギリスとEUの間で移動した市民は、年金、社会保障などで不利な待遇を受けることはない。第六に、イギリスでは、離脱協定に定める市民の権利の規定はイギリス法にすべて組み入れられる。EUではコミッションが、また、イギリスでは独立の監視機関が、関連規定の履行と適用を監督する。[6] 以上のようにして、EU市民とイギリス国民の権利が保全されることになっている。

さらに、離脱協定でもう一つの主要項目である離脱清算金については、イギリスの負担は三五〇億〜三九〇億ポンド（約四兆九〇〇〇億〜五兆四六〇〇億円）と見積もられている。[7] 離脱協定の第三の主要項目である北アイルランド国境問題については、後述する。

他方、英EU将来関係協定の交渉がなされて締結されるまでの「つなぎ」として、移行期間が設定されている。移行期間は二〇二〇年一二月三一日に終了する。しかし、同年七月一日より前に決定すれば、一ないし二年間の延長が一回限りで可能である。移行期間中、一定の例外を除き、EU法が引き続きイギリスに適用される。ただし、イギリスはEU諸機関および補助機関に参加することも、政策決定に加わることもできない。EU司法裁判所の管轄権は移行期間中、イギリスに対して継続する。

２　英ＥＵ金融サービス貿易のゆくえ

ブレグジット後における英ＥＵ間の金融サービス貿易については、政治宣言に「同等性」制度（第三章）に基づく交渉方針が述べられている。それによれば、イギリスのＥＵ離脱後、双方が可及的速やかに「同等性」に関する評価を開始し、二〇二〇年六月末までに完了することをめざすとされている。また、「同等性」に関する決定の採択、停止および取消の際に協議を行うようにすることも述べられている。

しかし、「カナダ・プラス・プラス・プラス」はもとより、「欧州経済領域ＥＥＡ」（ノルウェー・モデル）や「欧州経済領域プラスＥＥＡ＋」（ノルウェー・プラス・モデル）のオプションによる単一パスポート制度（第三章）の確保は、選択肢から放棄されている。

3　北アイルランド議定書とイギリスのレッドライン

(1)「保険」としての北アイルランド議定書

離脱協定に附属された「アイルランド／北アイルランドに関する議定書」(以下、北アイルランド議定書)は、バックストップ、すなわち「保険」として位置づけられ、移行期間終了またはその延長期間終了までに英EU将来関係協定が締結されて発効しない場合にはじめて適用される。その場合、英EU関係は離脱協定および北アイルランド議定書の関連規定により規律される。その後に将来関係協定が締結されて発効するならば適用されなくなる。(8) 将来関係協定ではなく、後述するとおり、北アイルランド議定書の見直しという形も想定されている。将来関係協定が発効した後、英EU関係は同協定および離脱協定(北アイルランド議定書の関連規定を除く)により規律される。以上の関係について、図表5－4を参照されたい。

その意味で北アイルランド議定書は暫定的性格を有している。議定書の前文には、「離脱協定はEU条約第五〇条に基づいており、[EU]およびイギリスの間に永続的な将来関係を確立することを目的とするものではない」ことが述べられている。また、議定書第一条四項には次のように定められている。

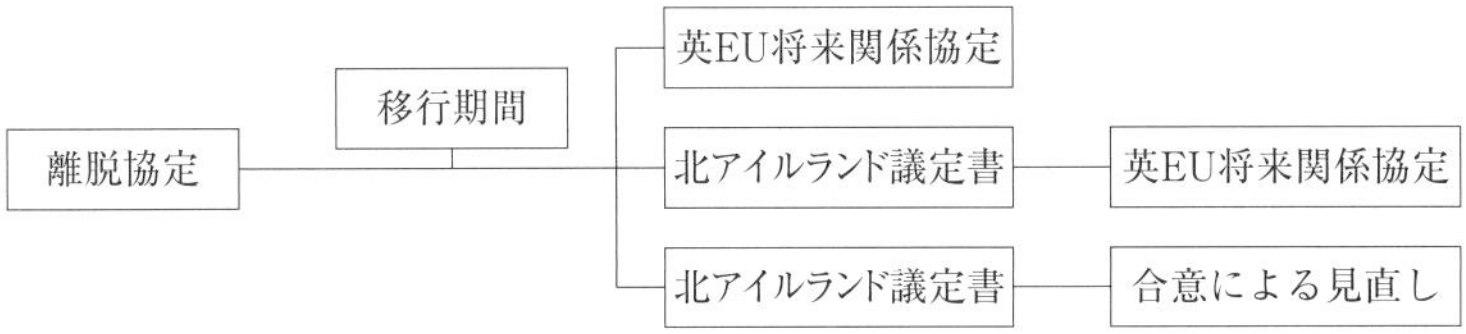

図表5-4　離脱協定，移行期間，英EU将来関係協定および北アイルランド議定書の関係

「離脱協定の目的は、［EU］およびイギリスの間における永続的な関係を確立することではない。本議定書の諸規定は、それゆえ、……暫定的にのみ適用されることが意図されている。本議定書の諸規定は、その後の協定により全部又は一部が取って代わられない限り、かつその時点まで、適用されなければならない。」

(2)見直し条項とレッドライン

英EU将来関係協定が実現しない場合には、北アイルランド議定書が永久に適用され続けることになる。そのため、同議定書（第二〇条）に「見直し」（Review）条項が置かれている（図表5－4）。それによれば、移行期間終了後にイギリスまたはEUが、たとえばハイテク技術の活用などにより、北アイルランドにおけるハードな国境の回避のために北アイルランド議定書がもはや必要ではなく、適用を停止すべきであるとみなす場合、その旨の通告を行うことができる。それを受けて閣僚レベルの「共同委員会」が開催されて、その通告について検討する。イギリスとEUがその通告を認めることを共同で決定するならば、北アイルランド議定書の適用を停止するための措置がとられる。しかし、イギリスとＥＵの共同決定であるため、イギリスが通告してもＥＵは拒否権を有することになる。それは、将来関係協定が実現されない場合において、ＥＵが停止に同意しない限り、北アイルランド議定書が永久に適用され続ける可能性があることを意味する(9)。このことは、以下に述べる点がいつまでも解消されないことを含意する。

第一に、北アイルランド議定書が適用される場合、ＥＵ司法裁判所は、関税、非関税障壁、付加価値税、環境、電力、国家援助規制など、物品貿易に関わるＥＵ法に関し、北アイルランドについてＥＵ基本条約上の管轄権を付与される。このように範囲は限定されるが、北アイルランド議定書の適用が続く限り、ＥＵ司法裁判所の管轄権の排除というレッドラインをイギリスは守ることができないということを意味する。

第二に、北アイルランドを含むイギリスは、ＥＵとの間で「単一関税領域」、すなわち関税同盟を形成する。その結果、英ＥＵ間で関税、数量制限および原産地規則に基づく検査はなされない。また、ＥＵへ予算分担金を支払う約束もなされていない。このように義務の負担を伴うことなくイギリスが関税同盟の恩恵に浴する点は、ＥＵ側の譲歩である。しかしその反面、北アイルランド議定書が適用される間、イギリスはレッドラインの一つである独自の通商政策を追求する自由を失い、ＥＵ共通通商政策に適合させなければならない。

第三に、北アイルランド議定書によれば、「本議定書は、イギリスの本質的国家機能および領域的一体性を尊重する」(第一条二項)とされている。グレートブリテン島(イギリス本土)と北アイ

図表 5-5　北アイルランド議定書(英 EU 合意)と「共通規制領域」(EU 案)

		北アイルランドとアイルランドの陸地国境	アイリッシュ海(北アイルランドと英本土の間)
EU 残留(関税同盟・単一市場)	税関検査	なし	なし
	規制チェック	なし	なし
共通規制領域(EU 案)	税関検査	なし	あり
	規制チェック	なし	あり
単一関税領域(英 EU 合意)	税関検査	なし	なし
	規制チェック	なし	あり

ルランドを隔てるアイリッシュ海で税関検査が行われる必要はない。しかし、物品の技術的規制、農業や環境に関する規制、国家援助規制など、単一市場の物の自由移動に関するＥＵルールが北アイルランドに限定して適用されるため、適用される規制が異なる結果、グレートブリテン島から北アイルランドに来る物品に対する規制チェックが必要となる。この点について図表５－５を参照されたい(共通規制領域に関する説明は第四章にある)。ただし、それは目立たない形で行われることとされており、工業製品の場合にはイギリス当局が市場または取引業者の家屋においてほとんど行うものとされている。また、農業産品の場合は海港および空港においてすでに行われているチェックが、規模を拡大して引き続き行われる(10)。

このように、北アイルランド議定書はブレグジット交渉におけるイギリスのレッドラインを、ＥＵ司法裁判所の管轄権の排除、独自の通商政策を追求する自由、および、イギリスの「領域的・経済的一体性」の面で達成していない。これは、イギリスにとってＥＵとの将来関係協定を早期に締結し、その枠内で北アイルランド国境問題を解決することにより、北アイルランド議定書が発動されることがないよう、それを「凍結」したままにすることが不可欠であることを意味している。政治宣言には、英ＥＵが貿易面で「単一関税領域」を発展させること、一定の規制面でイギリスがＥＵルールに整合させること、税関検査でのハイテクの活用などが項目として盛り込まれている。

4 イギリス議会の混迷

保守党内の強硬離脱派は、このままではイギリスが永久にバックストップに縛られ、ＥＵ離脱の意味がなくなるとして、英ＥＵ合意に激しく反発した。そこでメイ首相は、二〇一八年一二月一一日イギリス下院で予定されていた英ＥＵ合意の承認投票を延期し、一二日の保守党内での信任投票を二〇〇票対一一七票で乗り切った後、一三日にブリュッセルの欧州理事会に出席した。その席でメイ首相は、保守党内の強硬離脱派を懐柔するため、北アイルランド議定書のバックストップの発動期間に歯止めをかける法的保障を求めたのである。それは実質的に英ＥＵ合意の再交渉を意味するものであった。

これに対して欧州理事会は、法的拘束力のない「総括文書」の形で、再交渉を拒否するとともに、将来関係協定の締結に向けて迅速に取り組むこと、また、かりにバックストップが発動され

図表 5-6　英 EU 合意をめぐるイギリス下院主要勢力の立場

イギリス下院総議席数 650	英 EU 合意	保守党(317 議席)		労働党(257 議席)
		強硬離脱派(約 100 人)	ソフト離脱派(約 200 人)	
北アイルランドのバックストップ	発動されても一時的だが，期限設定なし(見直しには EU の同意が必要)	発動されるならば永久に続く可能性があるため，反対	将来関係協定を優先し，その中で解決する	将来関係協定を優先し，その中で解決する
将来関係協定の内容	単一関税領域 イギリスによる EU 規制への整合 ハイテク技術活用による税関検査の回避	カナダ・モデル(包括的な自由貿易協定) ハイテク技術活用による税関検査の回避	ノルウェー・プラス・モデル(単一市場と関税同盟に残留，人の自由移動を容認)など	トルコ・プラス・モデル(包括的な関税同盟) 単一市場アクセスの確保
合意なき離脱の是非	回避 下院が不承認ならば容認	容認	回避	回避

(2019 年 1 月 15 日時点)

ても一時的な適用にとどまることを再確認した。さらに、メイ首相の二〇一九年一月一四日付書簡による求めに応じて、欧州理事会のトゥスク常任議長とコミッションのユンカー委員長は、同日、メイ首相宛てに共同書簡を発し、バックストップの発動に至る事態は回避したいこと、また、それがたとえ発動されても一時的にすぎないことを重ねて強調した[11]。

ところが、翌一月一五日にイギリス下院で実施された英EU合意の承認投票では、賛成二〇二票、反対四三二票という歴史的大差で否決された。しかしそれにもかかわらず、一月一六日には、労働党が提出したメイ首相に対する不信任決議案が賛成三〇六票、反対三二五票で否決された。そのため、メイ首相は職にとどまり、バックストップが一時的性格のものであることの法的保障を求めて代替案を探ることとなった。

保守党内の強硬離脱派がバックストップに反対する一方で、同党内のソフト離脱派や労働党は、なぜ英EU合意に反対したのだろうか。両者は北アイルランド議定書というよりは、政治宣言で想定されている将来関係協定の内容に不満を持っていた。保守党内のソフト離脱派はEU単一市場と関税同盟にとどまる「欧州経済領域プラスEEA＋」（ノルウェー・プラス・モデル）などを支持していた（人の自由移動が含まれるが、セーフガード条項で対応する）。また、労働党の公約は、EUとの間に包括的な関税同盟を形成する「関税同盟プラスCU＋」（トルコ・プラス・モデル）を主張する一方、単一市場へのアクセスも確保することであった。すなわち、両者の案は類似しており、北アイルランド議定書のバックストップと矛盾しない。合理的に考えるならば、両者にとっては、離脱協定を承認して「合意なき離脱」を回避し、移行期間中に将来関係協定の交渉で代案を主張して実現すればよいことになる。

しかし、保守党内の強硬離脱派は政治宣言にも反対した。モルトハウス（Kit Malthouse）閣外相らの保守党内の強硬離脱派議員がソフト離脱派の議員を一部取り込んでまとめた「モルトハウス妥協案」によれば、「自由貿易協定FTA」（カナダ・モデル）でよしとし、北アイルランド国境問題にはハイテク技術の活用と行政手続きの簡素化で対応するとした。それが達成されない場合には、一定の移行期間を設定して管理された形で「合意なき離脱」に至ることも辞さない立場であった[12]（図表5－6参照）。

このようにイギリス議会は混迷状態にあり、このままでは「合意なき離脱」に直面するおそれがあった。しかし、その後メイ首相は、ＥＵとの追加合意に基づく代替案が「合意なき離脱」とともにイギリス議会により否決されるならば、離脱期限である三月二九日を事実上六月末まで延長することを議会に諮ると約束し、承認された。これにより当面、「合意なき離脱」は回避される見通しとなった。他方で、そのような場当たり的な対応ではなく、「英ＥＵ合意かＥＵ残留か」という選択肢はあるのだろうか。

イギリスにとって残された道は、総選挙または再国民投票により民意を問うことである。実際に、イギリス下院の労働党と保守党の議員の中には、離党して再国民投票を求めるグループが存在する。また、労働党のジェレミー・コービン(Jeremy Corbyn)党首も、再国民投票を選択肢の一つとして追求することを明言するようになった。しかしそれには、交渉期限の延長または離脱通告の撤回が必要となる。交渉期限の延長にはＥＵ二七カ国から全会一致の同意を得る必要があり、また、二〇一九年五月には欧州議会選挙が実施され、その後、秋にかけて欧州理事会常任議長やコミッション委員長などのＥＵ指導部人事が行われるため、延長が認められたとしても欧州議会の新議員が招集される七月二日までが限度かもしれない。他方、離脱通告の撤回については、第二章で述べたとおり、二〇一八年一二月一〇日にＥＵ司法裁判所は一方的な撤回が可能であるとの判決を下している。国民投票を実施する場合、そのための法律を制定するには少なくとも約六カ月かかるため、離脱通告をいったん撤回することが必要かもしれない(13)。

5　ブレグジット・パラドクス

英EU将来関係協定は、離脱協定の発効を条件として、政治宣言に基づく交渉に委ねられる。物品貿易では、「単一関税領域」(関税同盟)や、イギリスによるEU規制への整合性確保などが選択肢として示され、金融サービス貿易では「同等性」制度に基づくこと、また、将来関係協定に関するEU司法裁判所の一定の管轄権なども述べられている。

しかし、将来関係協定が締結されなければ、当然のこととして、また、締結されても北アイルランド国境問題が解決されなければ、北アイルランド議定書のバックストップは維持されることになる。つまり、ハイテクの活用による十分な解決が将来的に達成されない限り、北アイルランド議定書のバックストップまたは旧草案にあった「共通規制領域」(第四章)のような解決策、あるいは、イギリスがEUに残留すること、もしくは、離脱後に再加盟することが、北アイルランド和平のために不可欠であることを意味しているように思われる。北アイルランド国境問題の解決には、何らかの形でEUの単一市場と関税同盟が必要とされている。逆に言えば、ブレグジットの決定により発生した北アイルランド国境問題が、イギリスとEUを結びつけている。そのような意味で「ブレグジット・パラドクス」が生じている。

そのパラドクスをＥＵとの結びつき以外の方法で解決するとすれば、唯一残された道はアイルランドがＥＵから離脱し、イギリスと結びつくことである。人の移動では「共通往来地域」という前例がすでに存在する。アイルランドはそれに引きずられてＥＵのシェンゲン協定に加わることができなかった。ひょっとしたら、保守党内の強硬離脱派はイギリス主導でそのような形の解決を望んでいるのかもしれない。しかし、北アイルランド国境問題をイギリスが強引に解決するならば、かえって北アイルランド和平を崩壊させるおそれがある。

（1）Tony Barber, "Ten ways Theresa May's government has erred on Brexit", *The Financial Times*, 7 December 2018, available at 〈https://www.ft.com/content/689faee2-fa0e-11e8-af46-2022a0b02a6c〉, accessed 07/12/2018.

（2）Eric Maurice, "Brexit, lessons in negotiations for the European Union", *European issues*, n°494, Fondation Robert Schuman, 27 November 2018, p. 8, available at 〈https://www.robert-schuman.eu/en/doc/questions-d-europe/qe-494-en.pdf〉, accessed 07/12/2018.

（3）*Agreement on the withdrawal of the United Kingdom of Great Britain and Northern Ireland from the European Union and the European Atomic Energy Community, as endorsed by leaders at a special meeting of the European Council on 25 November 2018*, available at 〈https://assets.publishing.service.gov.uk/government/uploads/system/uploads/attachment_data/file/759019/25_November_Agreement_ on_the_withdrawal_of_the_United_Kingdom_of_Great_Britain_and_Northern_Ireland_from_the_European_Union_and_the_European_Atomic_Energy_Community.pdf〉, accessed 05/12/2018.

(4) *Political Declaration setting out the framework for the future relationship between the European Union and the United Kingdom*, available at 〈https://assets.publishing.service.gov.uk/government/uploads/system/uploads/attachment_data/file/759021/25_November_Political_Declaration_setting_out_the_framework_for_the_future_relationship_between_the_European_Union_and_the_United_Kingdom__.pdf〉, accessed 05/12/2018.

(5) Special meeting of the European Council (Art. 50) (25 November 2018) – Conclusions, Brussels, 25 November 2018, EUCO XT 20015/18.

(6) Explanatory slides on the Withdrawal Agreement and outline political declaration on our future relationship with the EU, UK Prime Minister's Office, 19 November 2018, available at 〈https://assets.publishing.service.gov.uk/government/uploads/system/uploads/attachment_data/file/757135/OUTLINE_AND_WA_-_FOR_PUBLICATION.PDF〉, accessed 05/01/2019.

(7) *Ibid.*

(8) 離脱協定第一八五条によれば、北アイルランド議定書のうち、一定の規定は離脱協定の効力発生時から適用される。

(9) この点に関してイギリスの法務総裁(Attorney General)も同様の見解を示した。5 December EU Exit: Attorney General's legal advice to Cabinet on the Withdrawal Agreement and the Protocol on Ireland/Northern Ireland, available at 〈https://assets.publishing.service.gov.uk/government/uploads/system/uploads/attachment_data/file/761852/05_December-_EU_Exit_Attorney_General_s_legal_ad

vice_to_Cabinet_on_the_Withdrawal_Agreement_and_the_Protocol_on_Ireland-Northern_Ireland.pdf〉, accessed 06/12/2018.

（10） European Commission, Fact Sheet, "Protocol on Ireland and Northern Ireland", 14 November 2018, available at 〈http://europa.eu/rapid/press-release_MEMO-18-6423_en.htm〉, accessed 10/12/2018.

（11） Special meeting of the European Council（Art. 50）（13 December 2018）– Conclusions, EUCO XT 20022/18, available at 〈https://www.consilium.europa.eu/media/37508/13-euco-art-50-conclusions-en.pdf〉, accessed 14/12/2018; Exchange of letters between the UK and EU on the Northern Ireland backstop, 14 January 2019, available at 〈https://www.gov.uk/government/publications/exchange-of-letters-between-the-uk-and-eu-on-the-northern-ireland-backstop〉, accessed 15/01/2019.

（12） "The Malthouse Compromise – an official explainer in full", *ConservativeHome*, February 3, 2019, available at 〈https://www.conservativehome.com/parliament/2019/02/the-malthouse-compromise-offical-explainer-in-full.html〉, accessed 05/02/2019.

（13） 庄司克宏「経済教室　きしむ欧州㊤　英の再国民投票が最善策」、『日本経済新聞』二〇一八年一二月二七日朝刊。

終章

国家主権と欧州統合のゆくえ

——主権共有の変容？

ＥＵには「民主主義の赤字」が構造的に存在し、解決不可能である。その問題を解決するためには、欧州規模で同質的な「デモス」(国民)、すなわち「欧州民」が成立して「欧州国」が構築される必要がある。しかし、それができない現状では、民主主義に基づく主権国家が欧州統合に歯止めをかけなければならない。――このような主張がなされることがある。しかしこれに対して、多元主義の立場から、複数のデモスが欧州レベルで主権を共有することで国境を越えた問題を解決するシステムをつくることは可能なのだろうか。

1　デモス(国民)と民主主義の間

ＥＵの憲法に当たる基本条約には、ＥＵが代表制民主主義に基づいて機能するとされている。そのため、「市民は欧州議会においてＥＵレベルで直接に代表される」一方、加盟国は欧州理事会において政府首脳により代表されるとともに、閣僚理事会において政府閣僚により代表され、自国民に対して民主的説明責任を負う。さらに、ＥＵには「参加民主主義」が存在し、「すべての市民はEUの民主的営みに参加する権利を有する」。EU市民は集団として、コミッションに対し、立法提案を行うよう要請することもできる(EU条約第一〇～一一条)。

このようにして民主主義原則に基づいて行動しているにもかかわらず、EUに対して「民主主義の赤字」という批判が投げかけられる。その批判の最大の根拠とされるのが、同質的なデモス(国民)が存在しないところに民主主義は成立しないとする「デモス不在論」である。「デモス」(a demos)とは、共通のアイデンティティを有する同質的な集団としての国民を意味する[1]。EUには真の意味でEU規模の選挙民および政党が存在せず、したがって直接選挙されるとしても欧州議会の意思が必ずしもEUにおける民意を反映しているとは言えない。すなわち、EUにはEU規模のデモスが欠けていることがEUレベルの民主主義が成立しない理由とされる。ディーター・グリム(Dieter Grimm)元ドイツ連邦憲法裁判所判事は、EUにおける民主主義について、次のように述べている。

「憲法上の主権が帰属する欧州国民が出現する徴候はない。［EU基本］条約は、相応する欧州国民が到底存在するわけがないのに、欧州連邦国家を想定している。欧州メディア、欧州政党、共通の言語、教育および文化がないまま、公共の意見を形成し、利益を明確化すると、［欧州の］住民全体が各国ごとにばらばらになるため、欧州の民主主義の赤字は構造的状況として内在している[2]。」

デモス不在論によれば、欧州デモスが存在しない状況のまま、EUレベルの立法過程で欧州議会の役割を強化することは、欧州議会議員が直接選挙された代表であるとしても、「民主主義の赤字」を減らすことにはならない。ＥＵが主権を有する国民国家として再確立されない限り、各国議会の決定が正当化のために必要とされる。[3]同質的な国民（デモス）がいなければ、国民国家を形成しておらず、民主主義の基盤となることができない。ＥＵは国民国家ではないので、その意味で正当性を有しないことになる。[4]

2　複数のデモスと多元主義

ＥＵは実際には、主権国家を欧州大に再現する試みではなく、主権国家を超える営みである。欧州に国家システムが出現して以来初めて、ＥＵは多元的な政体を構成していると言われている。[5]ＥＵという政体は異質性が大きいため、強固な集団的アイデンティティにより同質的な欧州民が形成されて、その代表の過半数で決定がなされ、少数派が自己の意思に反してそれを受け容れるようになるとは考えられない。[6]

ＥＵは音楽に喩えるならば、バッハの楽曲に見られるような「対位法」に基づいている。「対位法」とは、音の「垂直的融合」を重視する「和声法」とは異なり、二つ以上の旋律が独立性を損なわないで組み合わされる「水平的融合」を重視する（『日本大百科全書（ニッポニカ）』、小学館）。

同様にして欧州では、ミゲール・マドゥーロ(Miguel P. Maduro)欧州大学院大学教授(フィレンツェ)によれば、究極的な権威の下に権力が集中するのではなく、EUと加盟国のさまざまな制度や秩序が非階層的すなわち水平的な形で権力を組織化する中でチェック・アンド・バランスが保持されている[7]。

欧州は中小規模の国々の集合体であり、欧州統合は一つのデモス(国民)ではなく、複数のデモスを前提とする多元主義に基づいている。欧州大陸は、全体として見るならば、政治的、宗教的および民族的な少数派の集合体であり、圧倒的な多数派は存在しない[8]。加盟国レベルでは、議会の多数派(与党)と政府が一致しており、少数派は野党として政策決定システムの外にいる。しかし、EUレベルではこのようなシステムをとることはできない。複数のデモスと多元主義に基づくEUでは、独立性を有するコミッションが政策立案を行い、それに基づいて、各国政府の代表で構成される閣僚理事会と、直接選挙された欧州議会とが共同決定する、という政策決定プロセスがとられる。そのようにして、欧州議会では各国政党を通じて、閣僚理事会では各国政府を通じて、また、コミッションでは多様な利益集団を通じて、さまざまな少数派に対して水平的な権力配分を行うことにより、政治参加する機会を与えるシステムをとっている[9]。

写真終-1 マドゥーロ教授　2018年11月17日，日本EU学会講演，獨協大学，著者撮影

また、EUでは特定のイデオロギーではなく、さまざま

図表終-1　EU における主権共有の組織化

EU における主権共有		
加盟国 排他的権限	共有権限	EU 排他的権限
領土保全，公の秩序，国家安全保障など	域内市場，環境，エネルギー，運輸，司法・内務，農漁業，消費者保護，一定の社会政策・公衆衛生，経済社会的格差是正など 〈ニーズ〉に応じて加盟国から EU に移転される	ユーロ圏金融政策，共通通商政策など

なニーズに基づいて主権共有を組織化する必要がある。ＥＵと加盟国の双方における排他的権限は非常に少なく、多くは共有権限に属する。それは、普段は加盟国が行使しているが、必要に応じて政治的意思によりＥＵの権限として行使される[10]（図表終－１）。

3　「ゾウとネズミ」問題

このような主権共有システムでは、複数のデモスと多元主義を反映して、アウトプット（結果）に基づく正当性に依存している。同質的なデモスで成り立つ主権国家が主としてインプット（民意）に基づく正当性に依存するのとは対照的である。それは、単一市場によりもたらされる経済的利益を根拠とする民衆の支持を意味する[11]（図表終－２）。

ＥＵのアウトプットに基づく正当性には、「ゾウとネズミ」の問題があると言われる。「ゾウ」の問題とは、ＥＵは巨大な権限を使って実際にあまり必要ではない小さなことにも介入しすぎているという批判である。他方、「ネズミ」の問題とは、欧州には解決を要する大き

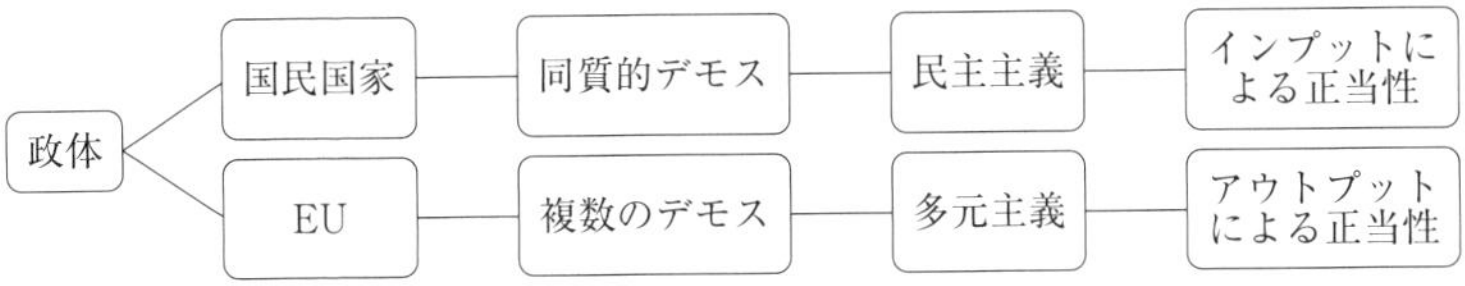

図表終-2　デモス，正当性と EU

な課題があるのに、ＥＵの権限が小さすぎて、それを十分に解決することができないという非難である。これは、市民の期待とＥＵの政策分野には明らかなミスマッチがあることを示している。[12] たとえば、ＥＵは「血縁的」な関係ではなく、多元主義に基づいているため、ＥＵレベルで税制や社会保障による再分配的な政策を行うことは難しい。それは、加盟国レベルで対応する問題となる。[13]

4　補完性原則に基づく主権共有

ＥＵにおける主権共有システムは、市民のニーズに応じて変容することが求められる。それは、補完性原則を客観的基準とする。ＥＵ基本条約には、補完性原則が次のように定義されている。

「補完性原則に従い、ＥＵは、排他的権限に属しない分野において、提案されている行動の目的が加盟国により中央レベルまたは地域および地方レベルのいずれかにおいて十分に達成されることができないが、提案されている行動の規模または効果のゆえにＥＵレベルでよりよく達成されることができる場合にのみ、かつ、その限りにおいて行動する。」（ＥＵ機能条約第五条三項）

図表終-3　補完性原則とEU

この定義には、ＥＵが行動する場合の基準として二点示されている[14]。第一に、加盟国（中央政府、州政府、その他の地方自治体）により十分に達成できない、という集権化の基準である。すなわち、追求される目的がＥＵの行動を必要とするかということである。また、第二に、規模または効果の点でＥＵレベルの方がよりよく達成できる、という効率性の基準である。それは、ＥＵの行動の必要性が存在するという主張に対し、それから得られる利益に基づく合理的な正当化があるかを問うものである[15]（図表終－３）。

言い換えるならば、補完性原則は、決定と行動が必要とされる場合に、それに応じて適切な民主主義のレベルが選択されるよう要求している。その意味で、補完性原則と民主主義は本質的に相互補完的な関係にある[16]。

5　再度「ブレグジット・パラドクス」について

イギリス国民は、国民投票により単純多数決でブレグジット、すなわちＥＵ離脱を選択した。選挙された多数派により統治される国民国家は、依然として、ほとんどの人々の心にある政体のパラダイムである。[17] しかしながら、再びマドゥーロ教授を引用するならば、次のように指摘されている。

「国家という政体を、完全な代表と参加のための当然の管轄単位とみなすのは恣意的(artificial)である。……さまざまな利益が国境に従って、かつその内部で特定の諸機関に従って、同質的に線引きされると考えるのは恣意的である。[18]」

このマドゥーロ教授の言葉が正しいことは、「ブレグジット・パラドクス」から裏付けられる。ブレグジット交渉で明らかになったように、北アイルランド和平を維持するためにハードな国境を回避することは、イギリスが主権回復を実現しても単独で解決できない類いの問題である。そのパラドクスをEUとの結びつき以外の方法で国境に沿って恣意的に解決するとすれば、アイルランドがEUから離脱し、イギリスと結びつくことにならざるを得ない。

EUの単一市場と関税同盟という枠組みがあって初めて、北アイルランド国境問題に対する「解」が見つかることを、イギリス国民は学習すべきである。ブレグジットの決定により主権回復したイギリス国民が、それに伴って発生した北アイルランド国境問題を、アイルランドを犠牲にして封じ込めることではなく、あらためてEUとの主権共有という欧州の英知に回帰することで解決することが求められている。ひょっとしたら、イギリスはいったん「合意なき離脱」に至るようなことがあるかもしれない。しかし、それは一時的であり、イギリスはEUに再加盟することになるだろう。欧州から離れてイギリスは存在し得ない。

6　世界と日本に向けて

　ＥＵの主権共有システムの下で、単一市場と関税同盟、また、それらを支える共通ルールにより結合した加盟国が、そのシステムから切り離されて主権回復するということは、この度のブレグジット交渉を通じて、いかに困難な作業であるかということを如実に示すものとなった。それは、ＥＵにとどまることから得られる経済的利益と、「議会主権」の下でグローバル・ブリテンをめざすことから生じる政治的満足との葛藤でもある。一九七三年にＥＥＣに加盟してから四五年以上かけて紡いできたＥＵとの絆の是非を、わずか一回の国民投票で判断して以来、イギリスの国内政治は混迷を極めている。

　現代のグローバル経済の中で複数の国家が主権を共有して共通利益を確保することには、冷徹な計算と長期的な視野が必要である。そのためには、ＥＵに見られるように、各国首脳と閣僚のレベルで国益を調整する欧州理事会と閣僚理事会に加え、全体の利益のために共通政策を立案するコミッションや、共通ルールの遵守を監督するＥＵ司法裁判所のような独立の非多数派機関が欠かせない。

　世界を見渡すならば、武力紛争、テロリズム、地球温暖化、貧困、移民・難民など、国境を越えた問題に一国で対応することは、ますます不可能となっている。超大国が権力政治と軍事力により他の中小国を従わせるという形をとることは、歴史が示すとおり、長続きしない。世界でリベラル・デモクラシーが後退を余儀なくされている中、平和的かつ自発的に主権を共有してトランスナショナルな課題に立ち向かうことにさまざまな障害を伴うことは、ブレグジットが「反面教師」となって示している。しかし、内外の試練にもかかわらず、ＥＵの主権共有システムは持ちこたえるだろう。

また、二〇一九年二月一日、日ＥＵ経済連携協定（ＥＰＡ）が発効し、世界貿易の三割超を占める巨大な自由貿易圏が誕生した。それに加えて、人権・民主主義・法の支配、平和・安全保障、開発援助・人道支援、環境・エネルギー、科学技術などで幅広い協力を行うための日ＥＵ戦略的パートナーシップ協定（ＳＰＡ）も同日、暫定適用が開始された。これらは、国家主権とその共有システムの関係をどのようなバランスで維持し、修復し、発展させるべきかということを追求してきた欧州の経験が、権力政治の横行する東アジアに位置する日本にとってどのようなインプリケーションを持つのかを考えさせてくれるものとなるだろう。

（1）　Daniel Innerarity, "Does Europe Need a Demos to Be Truly Democratic?", LEQS Paper No. 77/2014, LSE July 2014, p. 1, available at 〈http://www.lse.ac.uk/europeanInstitute/LEQS%20Discussion%20

Paper%20Series/LEQSPaper77.pdf〉, accessed 29/12/2018.

(2) Axel Mueller, "A Public no Demos: What Supranational Democratic Legitimacy (in the EU and Elsewhere) Requires", *European Journal of Philosophy*, Vol. 25, No. 4, December 2017, pp. 1248–1278 at 1251.

(3) *Ibid.*, p. 1252.

(4) *Ibid.*, p. 1269.

(5) Konrad Schiemann, "Europe and the Loss of Sovereignty", *International and Comparative Law Quarterly*, Vol. 56, No. 3, July 2007, pp. 475–489 at 487.

(6) *Ibid.*, p. 482, 483.

(7) Miguel Poiares Maduro, "Europe and the Constitution: What If This Is As Good As It Gets?", in Marlene Wind and Joseph Weiler (eds.), *Constitutionalism Beyond the State*, Cambridge University Press, 2003, pp. 74–102 at 98.

(8) Klaus Welle, "Europe and Sovereignty: Realities, Limits and Projects", Egmont Royal Institute for International Relations, Brussels, 29 September 2016, p. 1.

(9) *Ibid.*, p. 2.

(10) *Ibid.*

(11) *Ibid.*, p. 3.

(12) *Ibid.*, p. 5, 6.

(13) *Ibid.*, p. 3.

(14) Koen Lenaerts and Piet Van Nuffel (Editor: Robert Bray and Nathan Cambien), *European Union*

Law (3rd ed.), Sweet & Maxwell, 2011, p. 134.

(15) Opinion of AG Maduro delivered on 1 October 2009 in Case C-58/08 *Vodafone*, ECLI:EU:C:2009:596, para. 30.

(16) Konrad Schiemann, op. cit. *supra* note 5, p. 483.

(17) *Ibid.*

(18) Miguel Poiares Maduro, op. cit. *supra* note 7, p. 1, 100, 101.

あとがき

二〇一六年六月二二日の夜、NHKの「クローズアップ現代+」という番組に出演する機会があった。イギリスのEU離脱をめぐる国民投票を翌日に控えて、それを特集するという企画であった。その番組に出演するのは、二〇〇八年六月一二日に実施された国民投票でアイルランドがEU基本条約を改正するリスボン条約の批准を拒否したときの特集(同年七月一四日放映)以来のことであった。しかし、すでにその前からEUとの関係をめぐるイギリスの動向を注視していたので、キャスターからの質問には何でも答えられる自信があった(自信過剰だったかもしれない)。

ただし、本番前に一つだけ難しい注文があった。それは、番組の最後に「国民投票の結果はEU残留ですか、それとも、EU離脱ですか」という質問に答えることであった。現地の世論調査では残留と離脱が拮抗していたが、そのときは躊躇なく「EU残留」と答えようと思っていた。ところが、番組の時間が足りなくなり、その質問が来ることはなかった(ほっとした)。翌日、蓋を開けてみると、国民投票の結果はEU離脱が約五二%を占め、離脱の民意が示されたことを知った。それでも、イギリスはいつかEUに戻ってくると心の中で思った。現在でもそう思っている。

従来は、加盟国レベルではなく、EUレベルの政策や法制度を研究することに専念していた。

ちょうどその時期は、二〇一四年夏から若手の研究者とともに欧州統合の理論分析を扱った外国文献の翻訳に取り組んでいた最中であった。それは、二〇一七年一〇月、G・マヨーネ著（庄司克宏監訳）『欧州統合は行きすぎたのか』（上・下）として、岩波書店から刊行された。この翻訳作業で培ったEU研究の「基礎体力」が、偶然にもその後ブレグジットへの応用理解に役立った（基礎研究を怠ってはならない）。

国民投票の後、テレビ番組の出演、新聞・雑誌での執筆、講演などで、ブレグジットに関するテーマについて依頼される機会が激増した。また、拙著『欧州の危機 Brexitショック』（東洋経済新報社、二〇一六年）は、国民投票の結果が出た直後に依頼され、約一カ月でドラフトを書き上げたのを憶えている。さらに、二〇一七年四月からは、月刊誌『貿易と関税』に「Brexitの諸問題」というテーマで連載の依頼を受け、原稿の締め切りに毎月追われるようになった。しかし、そのおかげでブレグジット交渉の分析に日々集中することができたのも事実である。

その一方で、このままでは十分な研究ができなくなるのではないかと危機感をもつようになった（正しい焦りは必要である）。そこで、本書の企画を思い立った次第である。その際に課題として念頭に置いたのは、学問的な質を維持しながら、一般読者にわかりやすく語りかけて「対話」することである（「片想い」に終わらないよう願っている）。

ブレグジットのプロセスを振り返ると、あの外交大国であるイギリスが、なぜここまで追い詰められたのかという疑問が残った。そこで、EU側の交渉経過を調べてみると、ブレグジットを実現する方法について、イギリスが何も理解していないのではないか、といぶかるようになった。実は、メイ首相には、ブレグジット交渉の鍵を握るテーマ、すなわち、離脱協定と将来関係協定の交渉順序はどうあるべきなのか、EUが締結する自由貿易協定の最恵国待遇条項はブレグジット交渉にどのような影響を及ぼすのか、さらに致命的なことに、イギリスがEUの単一市場と関税同盟から離脱することにより北アイルランド国境問題の解決方法にいかなる結果がもたらされるのか、について必要不可欠な情報と正確な認識が欠けていたように思われる。

さらに悪いことに、メイ首相が仕掛けた二〇一七年総選挙で敗北し、北アイルランドの地域政党である民主統一党（DUP）の閣外協力を受けるようになって以降、北アイルランド国境問題のバックストップで公平な立場をとることができなくなったという事情がある。北アイルランドでは国民投票で過半数がEU残留を支持したのに対し、DUPは国民投票でEU離脱を支持し、イギリス本土とのつながりを重視していたからである。それは、アイルランドとのハードな国境の回避の優先順位が低いことを意味した。

以上のような事情から、メイ首相はEU離脱に関して強硬なレッドライン（譲れない一線）を掲げ、「悪い合意なら、合意なき離脱の方がまし」という態度を国内向けに示しながら、国内の対立をまとめきれず問題を先送りし、対EU交渉では「決められないメイ首相」と見なされた。しかし、交渉の最終局面になって国内をまとめきれないと、そのことをEUに「陳情」して泣きつく作戦に出たという始末である。

首相になる前に内相を務め、ＥＵ司法・内務協力に精通していたメイ女史でさえ、ＥＵそのものの仕組みに関する理解が足りなかった。イギリスの他の政治家も大して変わりないように思われる。翻って考えると、日本では「国際化」の必要性が叫ばれてから久しいが、わたしたち日本人は、地理的に遠いが知的交流の盛んな欧米だけでなく、アジアの近隣諸国、とくに第二次世界大戦後の中国や朝鮮半島に暮らす人々の心情についてどれだけ理解しているのだろうか。表面的な友好や、誤解に基づく反感に陥っていないだろうか。

日本は価値観を同じくするＥＵとの関係を深化させつつ、ブレグジットで苦境に立つイギリスを支援することが期待されている。その一方で、わたしたちはイギリスの失敗の本質を理解しなければならない。キーワードは、「主権共有」である。

本書の企画は、岩波書店編集部の山本賢氏のご尽力により実現した。山本氏には、刊行に至るまで多くのご配慮とご教示を頂いた。心より感謝申し上げたい。

二〇一九年二月二二日

庄司克宏

第2刷に際して

イギリスの世論調査ではＥＵ残留が過半数の支持を受ける傾向が強まっているものの、再国民投票が実現する可能性は低いとみられている。他方で、ＥＵ残留支持が強いスコットランドでは独立志向が再び高まっている。また、北アイルランドではベルファスト和平合意に反対するカトリック系過激派武装組織が今でもテロ活動を行っており、紛争が再発する可能性も皆無ではないと言われている。

しかし二〇一九年七月二四日、イギリス首相に就任したボリス・ジョンソン氏は、「何が起ころうとも一〇月三一日に是が非でもＥＵを離脱する」と述べて、合意なき離脱も辞さない姿勢を当初から示していた。それは、北アイルランド和平を維持するためには、何らかの形でＥＵの単一市場と関税同盟が必要とされていることを、公然と無視する態度であった。

しかし、イギリス下院の超党派勢力は、いわゆるベン法を制定することに成功し、一〇月一九日までに北アイルランド議定書の「バックストップ」（本書一二七～一四〇頁）に代わる合意を下院が承認しない場合には、ＥＵに対して二〇二〇年一月末までの離脱延期要請を行うよう、ジョンソン首相に義務づけた。

これに縛られることを嫌ったジョンソン首相はＥＵとの合意促進に舵を切り、一〇月一七日に英ＥＵは離脱協定に含まれる北アイルランド議定書の修正に合意した。それは、イギリス全体がＥＵとの関税同盟に入ることなどの「バックストップ」を廃止する一方、アイルランド島でのハードな国境を回避するため、北アイルランドのみを事実上ＥＵとの関税同盟に残し（二重税関体制）、また、単一市場（物品貿易に関わる規制）にとどめるという内容である。これは、離脱協定が定める移行期間が終了するのと同時に適用される。他方でそれに対して、北アイルランド地域議会が一定期間ごとに同意を与えるという条件が付けられている。

ジョンソン首相は、ベン法の期限である一〇月一九日に、この新たな離脱取り決めの承認を得ようとしたが、その前にレトウィン修正が可決された。これは、下院の承認が得られた後、一〇月三一日までに批准のための離脱法案が可決されない結果として合意なき離脱に陥ることがないようにするため、（離脱協定に国内法上の効力を与えるための）離脱法案が可決されるまで下院の承認を控え、「保険」として先にジョンソン首相に対してＥＵへの離脱延期を要請させるものである。

このレトウィン修正により、ジョンソン首相はＥＵに対する離脱延期要請を余儀なくされた。その結果、ジョンソン首相は一〇月三一日に公約通りＥＵを離脱するためにはその日までに離脱法案を成立させるしかない状況に追い込まれた。しかしそれは、日程的に非常に難しく、野党側の協力も得られそうにない。

このようにして、ブレグジットの決定により発生した北アイルランド国境問題が、離脱強硬派のジョンソン首相に対しても、「ブレグジット・パラドクス」として作用し、イギリスとＥＵを結びつけている。新たな離脱協定が発効すると、英ＥＵは移行期間に入り、将来関係に関する政治宣言に基づき、程よい距離感のある経済・安全保障パートナーシップを構築する交渉を開始することになる。

二〇一九年一〇月二一日

庄司克宏

庄司克宏

1957年生．慶應義塾大学大学院法務研究科教授／ジャン・モネEU研究センター所長．日本EU学会元理事長，現理事．2002年，欧州委員会よりジャン・モネ・チェア授与．2009-10年外務省日EU関係有識者委員会委員．専門は，EUの法と政策，欧州政治．著書に『欧州連合――統治の論理とゆくえ』(岩波新書)，『新EU法 基礎篇』，『新EU法 政策篇』(以上，岩波書店)，『欧州ポピュリズム――EU分断は避けられるか』(ちくま新書)，『欧州の危機――Brexitショック』(東洋経済新報社)ほか．訳書にイワン・クラステフ『アフター・ヨーロッパ――ポピュリズムという妖怪にどう向きあうか』，G.マヨーネ『欧州統合は行きすぎたのか』(上・下，以上，岩波書店，監訳)ほか．

ブレグジット・パラドクス 欧州統合のゆくえ

2019年3月27日 第1刷発行
2019年11月15日 第2刷発行

著　者　庄司克宏《しょうじかつひろ》

発行者　岡本 厚

発行所　株式会社 岩波書店
〒101-8002 東京都千代田区一ツ橋2-5-5
電話案内 03-5210-4000
https://www.iwanami.co.jp/

印刷・三秀舎　カバー・半七印刷　製本・松岳社

ISBN 978-4-00-061332-3　Printed in Japan

アフター・ヨーロッパ
――ポピュリズムという妖怪にどう向きあうか
イワン・クラステフ 著
庄司克宏 監訳
四六判一四四頁
本体一九〇〇円

欧州統合は行きすぎたのか
(上)――〈失敗〉とその原因
(下)――国民国家との共生の条件
G・マヨーネ 著
庄司克宏 監訳
四六判(上)二八八頁 (下)二四八頁
本体各三二〇〇円

欧州連合 統治の論理とゆくえ
庄司克宏 著
岩波新書
本体七八〇円

ポピュリズムとは何か
ヤン＝ヴェルナー・ミュラー 著
板橋拓己 訳
四六判一七六頁
本体一八〇〇円

ヨーロッパ・デモクラシー 危機と転換
宮島喬、木畑洋一、小川有美 編
四六判二九六頁
本体二八〇〇円

岩波書店刊
定価は表示価格に消費税が加算されます
2019年10月現在